Kristiane Müller-Urban

PILZE

einfach sammeln, züchten, genießen

mit 75 Rezepten

UMSCHAU

INHALT

VORWORT

Es gab einmal Zeiten, da musste der Feinschmecker mit festen Schuhen, einem großen Korb und einem kleinen scharfen Messer hinaus in die Natur, um Pilze zu suchen. Nur wer jahrelang Pilze gesammelt hat, weiß ungefähr, wann und wo er Steinpilz, Marone, Pfifferling und Wiesenchampignon findet. Wer dieser Leidenschaft nichts abgewinnen kann, bekommt auf Märkten und in Supermärkten von Spätsommer bis Herbst frische Waldpilze. Heute sind es meistens Pfifferling, Steinpilz, Marone, Herbsttrompete und Semmelstoppelpilz. Vorbei die Zeiten, wo es auch Butterpilz, Krause Glucke und andere Speisepilze aus Wald und Feld frisch zu kaufen gab. Zu den wildwachsenden Pilzen gehören auch Morchel und Trüffel. Beide sind selten und spielen nicht zuletzt wegen des hohen Preises nur in der gehobenen Gastronomie eine Rolle.

Das ganze Jahr hindurch können wir eine Reihe köstlicher Zuchtpilze kaufen. Allen voran die aromatischen weißen und braunen Champignons. Fast ebenso beliebt sind wegen des feinen Geschmacks der Austernpilz, auch Kalbfleischpilz genannt, und der wohlschmeckende Kräuterseitling.

Als die asiatische Küche sich anschickte, Kartoffelsalat und Frikadelle von deutschen Tellern zu vertreiben, fanden die würzigen asiatischen Pilze viele Freunde unter den Genießern. Shiitake und Mu-Err gab es zunächst nur getrocknet. Heute bekommen wir fast überall frische Shiitake- und die langstieligen Enoki-Pilze.

Sie können Pilze sammeln oder kaufen. Aber wie wäre es, wenn Sie im Garten, im Keller oder auf dem Balkon ihre eigenen Speisepilze ziehen würden? Zuchtbetriebe schicken die Pilzbrut mit und

Für ein unvergleichliches Kochvergnügen: Pilze sammeln, kaufen, selber ziehen

ohne Substrat direkt zu Ihnen nach Haus. Es macht nicht nur Freude zu sehen, wie die Pilze sprießen. Obendrein macht es herzlich wenig Arbeit, Pilze zu ziehen. Außerdem werden Sie überrascht sein von dem ausgezeichneten Geschmack.

Mit diesem Buch möchte ich Ihnen meine besten Pilzgerichte vorstellen – mit gesammelten und auf dem Markt gekauften Wald- und Wiesenpilzen und mit den bei uns in Haus und Garten gezogenen Pilzen. Darüberhinaus verrate ich viele Tipps und Tricks, damit die gesunden Pilze erst gut wachsen und später gut schmecken.

814

EINFÜHRUNG

Pilze schmecken gut & sind gesund

Pilze sind ein echtes Himmelsgeschenk. Sie betörten mit ihrem feinen Geschmack schon immer die Menschen. Pilze sind mit rund 20 Kilokalorien pro 100 Gramm sehr kalorienarm (wenn sie nicht in einer Sauce aus Butter und Sahne schwimmen). Frische Shiitake-Pilze.bringen es auf etwa doppelt so viele Kilokalorien. Beachtenswert ist der Gehalt aller Pilze an Eiweiß, lebenswichtigen Aminosäuren und Ballaststoffen sowie den Vitaminen A, B und D sowie den Mineralstoffen Kalium, Natrium, Magnesium und Phosphor. An dieser Stelle möchte ich darauf hinweisen, dass Maronen, Pfifferlinge und Steinpilze mit Umweltgiften und Radioaktivität belastet sein können.

Den aus Asien stammenden Austernpilzen, Shiitake- und Mu-Err-Pilzen und anderen wird ein hoher gesundheitlicher Wert zugeschrieben. Im Versandhandel, in Apotheken, Reformhäusern und Bioläden bekommen Sie Tees, Tabletten und ähnliches gegen allerlei Beschwerden. Fragen Sie nach! Pilze können nicht heilen, aber sie können viele Leiden lindern, dass haben zumindest Untersuchungen in China, Japan, Korea, USA und Kanada gezeigt. Pilze, und zwar frische, getrocknete, Kapseln oder Tabletten können der Arterienverkalkung vorbeugen, die Blutgerinung, das Tumorwachstum und Entzündungen hemmen, den Cholestrinspiegel und den Blutdruck senken, Durchblutungstörungen mildern sowie das Immunsystem stärken und vieles mehr.

Die Wissenschaftler haben heute noch nicht alle Inhaltsstoffe von Pilzen und deren Wirkung auf den Menschen enträtseln können. Sicher ist, dass Pilze sehr gesund sind. Sie sind, wie gesagt, kalo-

Braunkappen

rienarm und vitamin- und mineralstoffreich, außerdem enthalten sie reichlich Ballaststoffe. Und Pilze sind jederzeit und zu einem verknünftigen Preis erhältlich.

Jeder Pilz besitzt seinen ureigenen Geschmack, aber nicht immer hat man den im Rezept angegebenen Pilz zur Hand. Für alle Pilzgerichte in diesem Buch können Sie weiße oder braune Champignons verwenden. Herbsttrompete, Kräuterseitling, Limonenpilz, Mu-Err-Pilz, frische oder getrocknete Shiitake-Pilze und Spitzmorchel verfügen über so einen ausgeprägten Duft und Geschmack, dass die Speise mit Champignons ebenso gut, aber völlig anders schmeckt. Es gibt keinen anderen Pilz, der ihrem Aroma ähnelt.

Nachfolgend ein paar Vorschläge, welche Pilze gut durch andere ersetzt werden können.

Austernpilz	weiße und braune Champignons
Braunkappe	Steinpilz, Marone, Stockschwämmchen
Enoki-Pilz	Stockschwämmchen, Pioppino- oder Toskanapilz
Igelstachelbart	weiße und braune Champignons.
Marone	Steinpilz, Braunkappe, Semmelstoppelpilz
Pfifferling	Semmelstoppelpilz, Stockschwämmchen, Pioppino- und Toskanapilz
Pioppino-Pilz	Pfifferling, Stockschwämmchen, Toskanapilz, Semmelstoppelpilz

Wiesenchampignons

Semmelstoppelpilz Pfifferling, Pioppino- und Toskanapilz, Stockschwämmchen

Steinpilz Braunkappe, Marone, Stockschwämmchen

Stockschwämmchen Pfifferling, Pioppino- und Toskanapilz, Semmelstoppelpilz

Toskanapilz Pioppino-Pilz, Pfifferling, Semmelstoppelpilz, Stockschwämmchen,

Wald- & Wiesenpilze

Ab Spätsommer finden wir auf Märkten und im Supermarkt frische Pilze wie Steinpilz, Pfifferling, Marone und Semmelstoppelpilz. Selten werden frische Wiesenchampignons, Stockschwämmchen und Herbsttrompeten angeboten. Wer sich gut auskennt, kann diese wildwachsenden Pilze auch in freier Natur sammeln. Alle gesammelten oder gekauften Pilze müssen appetitlich aussehen und frisch riechen. Sie müssen außerdem trocken sein. Zu große Exemplare besser liegen oder stehen lassen.

Der König der Pilze ist der majestätische Steinpilz. Er gedeiht von Juli bis Oktober in lichten Nadel- und Laubwäldern, am liebsten unter Fichten und Buchen. Wirklich häufig kommt er nur vor, wenn die Witterungsverhältnisse für ihn optimal sind. Der Hut wird acht bis 20 Zentimeter breit und variiert farblich zwischen blassbraun, rotbraun, nussbraun und dunkelbraun. Die Röhren an der Unter-

Steinpilze

seite sind anfangs weiß, dann blassgelb bis später olivgrün. Der Pilzstiel ist dickbauchig, bei größeren Exemplaren auch zylindrisch und mit einem weißlichen Adernetz umgeben.

Größere Steinpilze sollten immer längs halbiert werden. Häufig haben sich bereits Pilzmaden eingenistet. Steinpilze sollten deshalb auch nur halbiert verkauft werden, damit der Genießer zu Hause keine Enttäuschung erlebt und die köstlichen, von Madenlöchern durchsetzten Pilze entsorgen muss.

Groß ist die Freude, wenn der Wanderer und Sammler plötzlich aus dem Dickicht heraus ein paar sonnengelb leuchtende Pfifferlinge entdeckt. Dieser beliebte Speisepilz wächst zwischen Juli und September in Nadel- und Laubwäldern. Gedieh der Pfifferling in früherer Zeit recht häufig bei uns, ist er heute selten geworden, insbesondere dort, wo viele Menschen diesen schmackhaften Pilz so intensiv gesammelt haben, dass er kaum noch in der Nähe große Siedlungen anzutreffen ist. Deshalb darf in Deutschland der Pfifferling auch nicht mehr erwerbsmäßig gesammelt werden. Für den privaten Verbrauch ist das Sammeln von Pfifferlingen erlaubt. Pfifferlinge, die wir kaufen, kommen meistens Osteuropa und kein Händler darf sich von der Obrigkeit erwischen lassen, wenn er vor seinen Körben mit Pfifferlingen ein Schild aufstellt mit dem Hinweis „Deutsche Ware".

Der Pfifferling wächst meist trichterförmig. Er wird nicht besonders groß, aber es gibt auch Exemplare mit einem Hutdurchmesser von etwa acht Zentimetern bei entsprechender Höhe. Dieser

Maronen

Hut ist zuerst leicht nach unten eingerollt, dann wird er flach und formt später einen Trichter. Hut und Stiel bilden eine Einheit. Der ganze Pilz ist einfarbig dottergelb, das Fruchtfleisch heller.

Die Marone wächt zwischen Juni und Oktober unter Fichten und Kiefern, aber auch unter Buchen und Eichen sowie an Wegrändern im feuchten Gras. Dieser sehr feine Speisepilz besitzt einen braunen Hut, der anfangs halbkugelig, später polsterförmig gewölbt ist. Die Röhren sind weißlich und später gelblich. Bei feuchten Wetter ist der Hut klebrig. Der Stiel ist manchmal so dickbauchig wie beim Steinpilz.

Den Semmelstoppelpilz finden wir von Juli bis November in Laub- und Nadelwäldern. Der Hut dieses schmackhaften Pilzes wird maximal zwölf Zentimeter breit, er ist zuerst gewölbt, dann abgeflacht und später vertieft. Er ist cremefarben bis leicht rötlich-ockerfarben. Die Stacheln unter dem Hut sind weißgelblich, stehen sehr dicht und sind spitz. Der helle Stiel ist rundlich. Der Semmelstoppelpilz tritt gern als Hexenring oder in Teilen davon auf. Er wird selten von Maden und Schnecken angefressen.

Während Steinpilz und Marone zu den Röhrlingen gehören, ist der Champignon ein Lamellenpilz. Der etwas faserige Stiel des Wiesen- oder Feld-Champignons ist stets beringt. Er wächt bevorzugt auf Viehweiden, an Feld- und Wegrändern von Juni bis Oktober. Nach einem warmen Regen tritt

Wiesenchampignons

er besonders zahlreich auf. Man findet ihn nie im Wald. Besonders große Wiesenchampignons kommen als Bella Gomba in den Handel. Der Kopf kann bis zu 14 Zentimeter groß werden. Dieser durch seine lange Reifezeit sehr aromatische Pilz wird heute auch gezüchtet; er ist mit dem braunen Champignon verwandt. Manchmal finden Sie Bella Gomba auch in gut sortierten Gemüsegeschäften; ein solcher Gigant wiegt etwa 125 Gramm.

In Mitteleuropa kennen wir etwa 45 verschiedene Arten von Champignons. Der Hut ist dickfleischig, erst kugelig, dann gewölbt und ausgebreitet. Der fünf bis zehn Zentimeter große Hut weist manchmal kleine Schuppen auf. Die Lamellen sind hellrosa, werden schmutzig rot, braun und später fast schwarz.

Manch ein Feinschmecker zieht das Stockschwämmchen dem Pfifferling vor. Dieser kleine Pilz kann mit weit über 100 Artgenossen ganze Baumstämme überziehen. Der bis acht Zentimeter breite Hut sitzt auf einem dünnen Stiel und ist zuerst kugelig und später ausgebreitet mit einem niedrigen Buckel. Bei feuchtem Wetter glänzt der Hut wie eingeölt. Die Farbe variiert von honiggelb über ockergelb, gelbbraun bis zimtbraun. Zwischen April und Spätherbst wächst das Stockschwämmchen auf Stümpfen verschiedener Laubbäume. Selten entdeckt man Stockschwämmchen auch an Fichtenholz.

Limonenpilze
Stockschwämmchen

Die Herbsttrompete, auch Totentrompete genannt, sieht nicht gerade Appetit machend aus. Aber dieser zwölf bis 20 Zentimeter große schwärzliche, hautartige Pilz ist sehr schmackhaft. Der Rand ist oft nach unten umgestülpt. Dieser Pilz trägt weder Lamellen noch Leisten. Zu finden ist die Herbsttrompete in Laubwäldern, vor allem in Buchenwäldern. Er wächst oft in großer Ansammlung, und zwar vom Spätsommer bis hinein in den Herbst.

Wald- & Wiesenpilze richtig ernten

Haben Sie endlich das gute Stück ihrer Begierde gefunden, dann dürfen Sie den Pilz nicht einfach aus dem Boden herausreißen. Im nächsten Jahr sollen hier ja wieder Pilze wachsen. Mit einem kleinen scharfen Messer schneiden Sie den Pilz dicht über dem Boden ab. Entfernen Sie grobe Bestandteile wie Erdklümpchen, Blätter und Tannennadeln. Größere Exemplare sollten Sie längs einmal durchschneiden. Viele kleine Löcher weisen auf Schädlingsbefall hin. Sammeln Sie nur junge Pilze. Sie sind selten von Maden befallen, das Fleisch ist noch fest und aromatisch.

Legen Sie nur unbeschädigte Pilze in einen Korb, der mit Papier ausgelegt ist. Nie eine Plastiktüte zum Sammeln verwenden.

Steinpilzchampignons

Tipp Sammeln Sie keine Pilze, die Sie nicht eindeutig als essbar identifizieren können. Im Herbst finden Sie fast überall Pilzberatungsstellen, deren Öffnungezeiten der Tageszeitung zu entnehmen sind. Im Zweifel lieber den Pilz stehen lassen.

Zuchtpilze vom Supermarkt

Zuchtpilze sind das Jahr über zu einem erschwinglichen Preis erhältlich. Wie auch die wildwachsenden Pilze sollen auch die Zuchtpilze appetitlich aussehen. Sie dürfen weder matschig, schrumpelig noch vertrocknet aussehen und sie müssen immer gut riechen.

Weiße und braune Zucht-Champignons werden das ganze Jahr über in verschiedenen Größen angeboten. Die Pilze müssen fest und die Köpfe sollten noch geschlossen sein. Der braune Champignon, auch Egerling, rosa Champignon oder Stein(pilz)champignon genannt, ist etwas kräftiger im Geschmack. Selten bei uns erhältlich ist der dem Champignon sehr ähnliche Portobello, der kräftiger schmeckt als unser Zucht-Champignon. Die Pilzfüße bei Champignons werden etwa um die Hälfte gekürzt oder völlig entfernt, der Pilzhut mit einem feuchten Tuch oder Pinsel gereinigt. Bei großer Verschmutzung können die Pilze auch unter kaltem Wasser abgebraust werden. Vor der Zubereitung

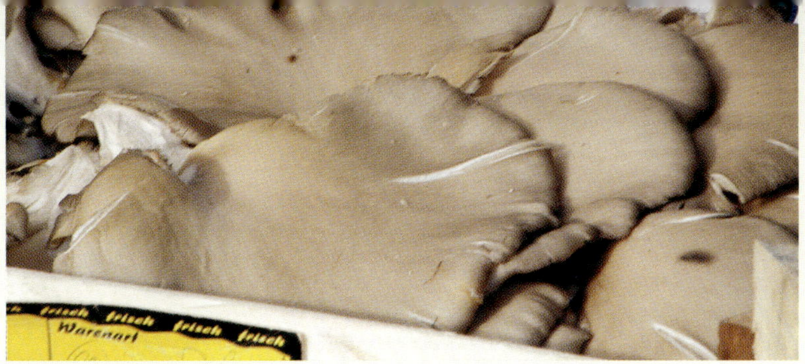

Austernpilze

sollten sie allerdings auf einem Küchentuch oder Küchenpapier so lange ruhen, bis sie völlig abgetrocknet sind. Sehr frische und junge Champignons können in feine Scheiben gehobelt, auch roh in oder als Salat verzehrt werden.

Der nährstoffreiche Austernseitling wächst mit seinen Hüten dachziegelartig auf Laubholz oder feuchtem Stroh. Die Oberseite ist glatt hellgrau bis hellgrau-braun und pastellfarben. Dieser auch Kalbfleischpilz genannt Seitling ist das ganze Jahr hindurch erhältlich. Die glatte Oberfläche wird vorsichtig mit einem Tuch oder einem feuchten Pinsel gereinigt. Große Hüte können paniert und wie ein Schnitzel in heißem Fett gebraten werden. Der kurze Pilzfuß kann am unteren Teil etwas gekürzt werden.

Wer ihn, den Kräuterseitling, einmal probiert hat, wird immer wieder nach diesem Pilz mit den langen fleischigen Stielen und dem relativ kleinem grauen Hut greifen. Dieser Zuchtpilz, der erst seit 1999 bei uns auf dem Markt ist, lässt sich einfach reinigen, klein schneiden und in heißem Fett braten oder in Brühe kochen. Ein paar Kräuterseitlinge in einem Pilzsalat oder einer Sauce geben dem Gericht einen unverwechselbaren köstlichen Geschmack.

Die feinaromatischen Shiitake-Pilze, auch Duft- oder Blumenpilz genannt, gedeihen in den Wäldern Japans und Chinas. Dieser köstliche Pilz wurde erst im 19. Jahrhundert in getrockneter Form bei uns bekannt. Heute gibt es Shiitake-Pilze in fast jedem Supermarkt frisch zu kaufen. Die Stiele sollten

Shiitake

immer weggeschnitten werden, sie sind sehr fest. Shiitake-Pilze sind ein wahres Kraftpaket, was die Nährstoffe betrifft. Hervorzuheben ist sein beachtlicher Gehalt an Ergosterin, einer Vorstufe des Vitamins D. Deshalb wird dieser Pilz besonders Vegetariern empfohlen. Shiitake-Pilze schmecken gebraten und gekocht gleichermaßen gut.

Die Chinesische Morchel ist wohl eine der ältesten Zuchtpilze überhaupt. Sie trägt viele Namen: Judasohr, Waldohr, Baumohr, Holunderschwamm oder Mu-Err. Diese dünnfleischigen Pilze gedeihen auf absterbenden Bäumen, bevorzugt an alten Holunderbüschen. Wir bekommen bei uns ausschließlich die getrockneten Pilze. Sie können Mu-Err aber auch zu Hause selber ziehen. Wegen des sehr kräftigen Geschmacks werden Mu-Err-Pilze nur in kleinen Mengen zum Aromatisieren von Saucen, Suppen, Salaten und besonders von asiatischen Gerichten verwendet.

Der Enoki-Pilz ist ein in Japan sehr beliebter Speisepilz. Er wird in Flaschen gezüchtet, daher seine langen, dünnen Stiele. Er wächst in kleinen Büscheln. Enoki-Pilze werden immer frisch angeboten; die kleinen hellen Pilze müssen nicht gewaschen werden. Nur der untere Teil der Stiele wird weggeschnitten. Häufig finden Sie Enoki-Pilze in japanischen Lebensmittelgeschäften oder in deutschen Supermärkten, abgepackt mit anderen asiatischen Pilzen wie Shiitake- und Austernpilz.

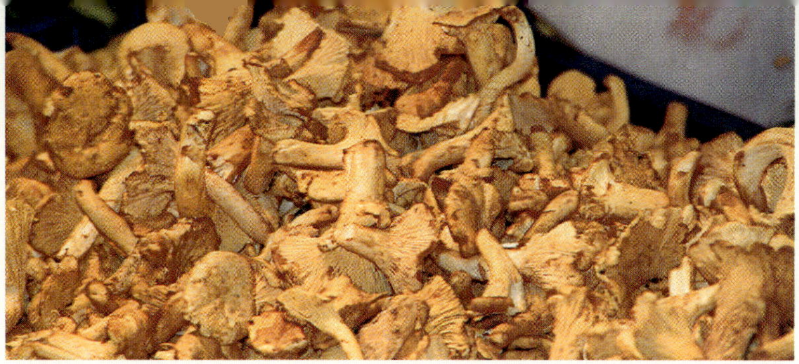

Pfifferlinge

Tipp Im Supermarkt und im Feinkosthandel finden Sie auch in Öl oder Salzlake eingelegte Champignons, Pfifferlinge, Waldpilzmischungen und Stockschwämmchen. Sie eignen sich für die schnelle Küche, für Vorspeisen, Suppen, Salate und Saucen.

Pilze richtig einkaufen

Achten Sie bei lose angebotener Ware auf trockene Pilze ohne Schadstellen. Außerdem sollen die Pilze angenehm riechen. Pilze, die bereits mit Klarsichtfolie verpackt angeboten werden, müssen ebenfalls trocken und frei von Schadstellen sein. Auch getrocknete Pilze sollten gut aussehen und in der Packung dürfen nicht zu viele zerbrochene Pilze liegen.

Pilze richtig aufbewahren

Waldpilze wie Steinpilz, Marone und Wiesenchampignon immer locker in einem mit Papier ausgelegten Korb sammeln und nebeneinander liegend kühl aufbewahren. Am besten am gleichen Tag verarbeiten. Zuchtpilze am besten locker in einer weiten Schale oder in einem Korb im Gemüsefach des Kühl-

Limonenpilze

schranks ein bis zwei Tage aufbewahren. Bei verpackten Pilzen muss die Folie entfernt werden. Champignons mit festen Köpfen können im Gemüsefach des Kühlschranks bis zu drei Tagen aufbewahrt werden.

Pilze richtig vorbereiten

Alle Pilze lieben es nicht, in Wasser zu baden. Nur bei sehr verschmutzten Pilzen werden diese kurz unter kaltem Wasser abgebraust und mit Küchenpapier trockengetupft. Ansonsten werden die Stiele gekürzt, schadhafte Stellen und bei großen Exemplaren die Lamellen weggeschnitten. Die Pilzköpfe können mit einem feuchten Tuch oder einem Pinsel vorsichtig gereinigt werden.

Pilze richtig zubereiten

Pilze schmecken am besten, wenn Sie in Butter, Butterschmalz oder Öl gebraten werden. Die Pfanne soll nicht so heiß werden, dass die kostbaren Pilze verbrennen, aber bei zu wenig Temperatur tritt schnell zu viel Feuchtigkeit aus und die Pilze werden gummiartig. Große Pilzmenge deshalb lieber in zwei oder drei Portionen braten. Sollte sich dennoch Pilzflüssigkeit in der Pfanne gesammelt haben,

Pfifferlinge

so verwenden Sie diesen aromareichen Saft zum Kochen. Kleine Pilze wie Pfifferling, Enoki, Stockschwämmchen, Toskana und Pioppino und kleine Champignonköpfe können im Ganzen zubereitet werden. Größere Exemplare und alle anderen Pilze werden halbiert, geviertelt, in dicke oder dünne Scheiben geschnitten. Pilze immer nach dem Garen salzen und würzen. Zum Würzen eignen sich etwas Zitronensaft und/oder Zitronenschale sowie frische oder getrocknete Kräuter wie Thymian, Rosmarin, Dill und Petersilie. Frische und getrocknete Shiitake-Pilze und frische und getrocknete Mu-Err-Pilze können auch in Suppen oder Sauce gekocht werden.

Tipp Nur junge und ganz frische Champignons mit geschlossenen Hüten können roh verzehrt werden. Alle anderen Pilze werden gegart und müssen sehr gut gekaut werden. Je länger die Pilze gegart werden, desto bekömmlicher sind sie. Jedoch: Je kürzer Pilze gebraten oder geschmort werden, desto besser schmecken sie.

Pilze einfrieren

Alle frischen Pilze können auch eingefroren werden. Zuchtpilze gibt es das ganze Jahr hindurch bei uns, weshalb sich das Haltbarmachen kaum lohnt. Wer jedoch Pilze selber zieht, möchte zur Erntezeit

Steinpilze
Herbsttrompeten
Morcheln

sicherlich seine Pilze haltbar machen. Junge Zuchtpilze und Waldpilze werden gesäubert grob gewürfelt, Lamellen entfernt und für 5 Sekunden in kochendes Salzwasser getaucht. Anschließend sorgfältig auf Küchentüchern oder Küchenpapier trocknen lassen und in Gefrierbehältern einfrieren. Die eingefrorenen Pilze unaufgetaut braten oder kochen.

Pilze trocknen

Am besten sind junge Pilze zum Trocknen geeignet, und zwar sowohl Waldpilze als auch Zuchtpilze – außer Stockschwämmchen, Pioppino- und Toskana-pilze sowie Austernpilze. Die zum Trocknen vorgesehenen Pilze werden geputzt, bei Steinpilzen und Maronen die Lamellen entfernt. Die Pilze werden gesäubert, die Stiele gekürzt. Anschließend die Pilze in etwa drei Millimeter dicke Scheiben oder Streifen schneiden. Die Pilzscheiben mit Abstand auffädeln und in der Küche oder auf dem Dachboden langsam trocknen lassen. Dabei verlieren sie rund 90 Prozent ihres Gewichts. Pilze lassen sich auch ausgebreitet auf einem Gitter oder Rost im Backofen bei höchstens 50 °C in etwa sechs bis acht Stunden trocknen. Dabei muss die Ofentür leicht geöffnet bleiben, damit die Feuchtigkeit entweichen kann. Die Pilze sind durchgetrocknet, wenn sie sich leicht brechen lassen. Die getrockneten Pilze in gut

Shiitake
Mu-Err
Steinpilze

verschließbaren Dosen oder Gläsern aufbewahren. Wer viele Pilze rund ums Jahr trocknen möchte und vielleicht auch noch andere Früchte oder Kräuter, wird dafür einen Dörrautomat verwenden, erhältlich im Fachhandel.

Tipp Getrocknete Pilze können im Mörser, im Blitzhacker oder mit Hilfe einer Gewürzmühle zu Pulver vermahlen werden. Damit lassen sich Suppen, Saucen usw. wunderbar aromatisieren.

Kochen mit getrockneten Pilzen

Getrocknete Pilze sollten Sie immer im Haus haben. Mit beispielsweise getrockneten Spitzmorcheln oder Steinpilzen lassen sich im Handumdrehen köstliche Pastasaucen herstellen. Getrocknete Pfifferlinge, Waldpilzmischungen, Champignons und Herbsttrompeten und andere eignen sich für Saucen und Suppen, aber auch für Salate und Aufläufe. Shiitake- und Mu-Err-Pilze sind ebenfalls getrocknet im Supermarkt oder in asiatischen Geschäften zu bekommen. 50 g Trockenpilze entsprechen rund 500 g Frischware. Alle getrocknete Pilze werden 30 Minuten oder länger in reichlich sehr warmem bis heißem Wasser angeweicht und anschließend gegart. Von den getrockneten Shiitake-Pilzen müssen zuvor

die harten Stiele abgebrochen werden, falls vorhanden. Mu-Err-Pilze vergrößern nach dem Einweichen ihr Volumen um etwa das Fünffache. Diese auch Chinesische Morcheln genannten Pilze haben ein ausgeprägtes Aroma und werden nur sparsam zum Würzen eines Gerichts eingesetzt. Häufig genügt ein Esslöffel der getrockneten Mu-Err-Pilze. Das durch einen Papierfilter (Kaffeefilter) gegossene Einweichwasser aller Pilze immer zum Kochen verwenden. Eingeweichte Spitzmorcheln müssen meistens nach dem Einweichen kurz unter fließendem Wasser abgespült werden, weil sie viel Sand enthalten können.

Fit & schlank mit Pilzen

Keine bange, hier kommt jetzt nicht die 101 Diät, um schlank zu werden wie ein dünnes Top-Model. Wer ein paar Fettpölsterchen zu viel mit sich herumträgt, kann ganz einfach mit Pilzen das Fett wegschmelzen. Weil Pilze viele Ballaststoff enthalten, machen sie schön satt. Außerdem enthalten Pilze viele gesunde Nährstoffe. Nur dürfen Pilze dann nicht in fettreichen Saucen schwimmen.

Für kalte Mahlzeiten, beispielsweise für die Mittagspause am Arbeitsplatz, bereiten Sie sich zu Hause einen Salat zu aus geschmorten Pilzen mit Tomate, Gurke, Paprika, Brokkoli, grünen Bohnen, Möhren, Spargel, Zucchini, rote Bete, Erbsen, Kartoffeln, Reis oder Nudeln – was Ihnen am besten

schmeckt. Dazu ein leichtes Dressing aus Joghurt, Zitronensaft, Senf und Kräutern. Soll es etwas Warmes sein, dann probieren Sie doch einmal ein Omelett mit Kräutern und Pilzen, ein Toast mit Tomaten, Pilzen und etwas Käse überbacken, oder ein mageres Stück Fleisch oder Fisch mit geschmorten Pilzen, dazu wenig Kartoffeln, Reis, Nudeln oder gegartes Gemüse oder ein Salat. Wenn Sie sich nun noch täglich 30, besser 60 Minuten kräftig bewegen, kneift der Rockbund bald nicht mehr.

PILZZUCHT IN HAUS UND GARTEN

Stellen Sie sich vor, Sie haben Appetit auf ein paar gebratene Pilze zu Ihrer Pasta oder zum Steak und müssen dafür nicht einkaufen gehen, sondern ernten in Haus oder Garten frische Braunkappen oder Champignons. Pilze in Haus und Garten zu ziehen ist heute gar nicht schwer. Im Versandhandel und in Gartencentern erhalten Sie alles, was Sie brauchen. Züchten Sie Ihre Lieblingspilze im Keller oder im Garten. Dort genügt ein schattiges Plätzchen unter einem Busch oder Baum.

Pilzzucht im Haus

Leckere Pilze können Sie zu Haus im kühlen Keller ziehen, und zwar zu jeder Jahreszeit. Im Handel finden Sie Fertigkulturen für weiße und braune Champignons, Shiitake-Pilze, Kräuterseitlinge, Pioppino- und Toskanapilze, Maitake, Samtfußrübling und den Igelstachelbart, auch Affenkopfpilz oder Pom-Pom genannt. Im Keller können Sie auch den Glänzenden Lackporling (Reishi) ziehen, er ist ein bekannter Heilpilz, der in Asien auch gerne als Speisepilz genutzt wird. In einer schattigen Ecke von Balkon oder Terrasse können Sie ebenfalls schmackhafte Pilze züchten. Am besten sprießen die Pilze, wenn sie in einem kleinen Gewächshaus stehen. Dort trocknet die Fertigkultur nicht aus und die Luftfeuchtigkeit über dem Pilzsubstrat bleibt erhalten. Ohne Gewächshaus verbleibt die Fertigkultur im Beutel, der

Die eigene Pilzzucht: frisch, köstlich und schadstrofffrei.

oben aufgeschnitten und dann locker verschlossen wird. Der Pflegeaufwand für die Pilzzucht ist gering, täglich ein- bis zweimal mit einer Blumenspritze für die notwendige Feuchtigkeit und durch Öffnen des Gewächshauses oder des Beutels der Fertigkultur für etwas frische Luft sorgen. Der Ertrag der Fertigkpilzkultur richtet sich nach vorhandener Luftfeuchtigkeit und Temperatur. Jeder Pilzfertigkultur liegt eine ausführliche Beschreibung bei. Bei manchen Fertigkulturen können Sie schon nach 2 Wochen die ersten Pilze ernten. Sie werden vom unvergleichlichen Wohlgeschmack Ihrer eigenen Pilze überrascht sein! So frisch, köstlich und schadstofffrei bekommen Sie sie nirgends.

Tipp Hobbypilzzüchter finden im Internet alles, was sie zum Züchten von Pilzen in Haus und Garten, auf Stroh und Baumstämmen benötigen. Im Versandhandel bekommen Sie außerdem hervorragende Trocken- und Heilpilze.

Pilzzucht auf Stroh im Garten

Braunkappe, Kräuterseitling, Limonenpilz und Austernpilz gedeihen einjährig auf Strohballen im Garten. Und wenn Sie ein paar Dinge beachten, kann eigentlich nichts schief gehen!

Bei 25 Grad an einem schattigen Platz im Garten hat die Pilzbrut ideale Bedingungen.

Zum Beispiel die Braunkappe Die Kultur kann in jedem Garten angelegt werden, da sie kaum Ansprüche an ihre Umgebung stellt. Suchen Sie für den oder die Strohballen einen schattigen oder halbschattigen Platz unter einem Busch oder Baum. So kann die Sonne das Stroh gut durchwärmen und das Pilzmyzel kann schneller den Ballen durchwachsen. Außerdem trocknen die Ballen nicht so schnell aus, sodass sich die Pflegearbeit in Grenzen hält. Wer in den Sommermonaten nicht immer die Zeit hat, die Strohballen anzufeuchten, wählt am besten einen schattigen Platz für seine Pilzzucht. Auch ein Gewächshaus, ein Frühbeet oder ein Folientunnel ist ein idealer Platz für Ihre Pilzzucht auf Stroh. Aber auch bei dieser Methode muss die Kultur vor hoher Sonneneinstrahlung durch ausreichend Schatten geschützt werden. Wer keinen Garten besitzt, kann auch auf Balkon, Terrasse oder im Keller Pilze auf Stroh züchten. Allerdings fallen die Erträge sehr gering aus. Wählen Sie für Balkon oder Terrasse lieber eine Fertigkultur oder impfen Sie in Holz. Die günstigste Zeit für eine Braunkappenanlage ist das Frühjahr nach der Schneeschmelze und im Herbst bis September oder ganzjährig im Gewächshaus. Beginnen Sie mit der Pilzzucht erst im Juni, kann es vorkommen, dass die Pilze erst im folgenden Frühjahr erscheinen. Die optimale Temperatur für das Myzelwachstum liegt um 25 Grad, das Pilzgeflecht wächst aber schon, wenn auch langsamer, ab 5 Grad. Über 35 Grad beginnt es abzusterben, daher sollte bei einer Abdeckung mit Folientunnel die Kultur unbedingt im Schatten

Ein Schutzdach gegen Sonne oder Regen kann man leicht selbst bauen.

platziert sein. Strohballen erhalten Sie beim Landwirt oder im Landhandel. Die trockenen, hochdruckgepressten Ballen sollten unbehandelt sein und etwa 10 bis 15 Kilogramm wiegen. Weizen-, Roggen- und Gerstenstroh sind für die Pilzzucht gleichermaßen gut geeignet, Haferstroh eignet sich aufgrund seiner Struktur weniger gut. Schimmeliges bzw. muffig riechendes Stroh sollten Sie in keinem Fall für die Pilzzucht nutzen. Außer Strohballen benötigen Sie die Pilzbrut, auch Pilzmyzel oder Pilzgeflecht genannt. Sie ist in gut sortierten Gartencentern, im Samen-/Gartenfachhandel oder im Versand erhältlich. Wählen Sie zwischen Substratbrut oder Stäbchenbrut. Die Pilzernte ist abhängig von der Qualität der Brut. Die Pilzbrut sollte bis zum Verbrauch kühl aufbewahrt werden, am besten bei einer Temperatur zwischen 2 und 10 Grad. Bei diesen Temperaturen ist die Pilzbrut etwa 8 bis 12 Wochen haltbar. Einer Lagertemperatur um 25 Grad sollte die Brut höchstens ein paar Tage ausgesetzt sein. Temperaturen über 30 Grad sind zu vermeiden, ebenso wie Dauerfrost ab -5 Grad. Stäbchenbrut kann bei Zimmertemperatur gelagert werden. Achten Sie auf das Haltbarkeitsdatum. Jedes Brutpaket muss sofort in Augenschein genommen werden. Die Brut muss frisch und angenehm nach Pilz riechen. Ob die Brut frei von Schimmelpilzen ist, erkennen Sie das an der weiß durchwachsenen Brut. Sind Strohballen und Brut besorgt kann es endlich losgehen! Das Durchfeuchten der trockenen Strohballen ist die wichtigste und zugleich umständlichste Arbeit. Doch das Myzel kann nur bei ausreichen-

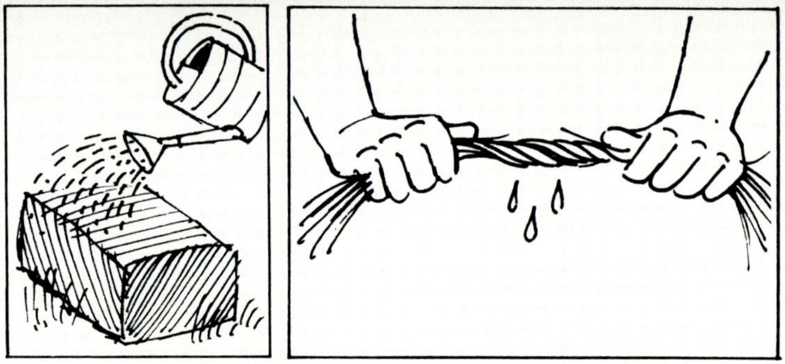

Wässern Sie das Stroh, bis es sich voll gesogen hat und testen Sie die richtige Feuchtigkeit.

der Feuchtigkeit wachsen. Das Wässern kann auf mehrere Arten erfolgen: in einer Regentonne kann der Ballen für 48 Stunden komplett unter Wasser getaucht werden. Auch eine Schubkarre lässt sich dafür nutzen, allerdings muss der Ballen nach 48 Stunden gewendet werden und noch einmal so lange wässern. Eine andere Möglichkeit ist das Wässern mit Hilfe eines Wasserschlauchs oder einer Gießkanne. Das komplette Wässern dauert insgesamt etwa 5 bis 7 Tage, täglich muss 10-mal gegossen werden, bis das Wasser unter dem Ballen wieder herausläuft. Bei Verwendung von heißem Wasser genügen schon 10 Stunden, bis das Stroh sich voll gesogen hat. Doch muss bei dieser Methode vor dem Beimpfen mit Pilzbrut die Temperatur geprüft werden. Liegt sie im Stroh über 35 Grad, müssen Sie einige Tage warten, bis die Temperatur um ein paar Grad gefallen ist. Wer die Möglichkeit hat, den Ballen an seinen Bestimmungsort zu wässern, sollte dies tun, denn der nasse Ballen ist etwa dreimal so schwer wie der trockene. Um zu überprüfen, ob das Stroh gut durchfeuchtet ist, können Sie eine Handvoll Strohhalme aus dem Ballen herausziehen. Wringen Sie die Halme aus. Bilden sich ein paar Wassertropfen, so ist die Feuchtigkeit ausreichend und der Ballen kann beimpft werden. Nachdem die Strohballen ihren endgültigen Platz im Garten gefunden haben, werden von oben gleichmäßig, mit einem Besenstiel oder Pflanzstab, 15 bis 20 Zentimeter tiefe Löcher in die Ballen gebohrt. Trennen Sie von der Substratbrut etwa daumengroße Stücke ab und drücken diese mit der Hand oder einem ab-

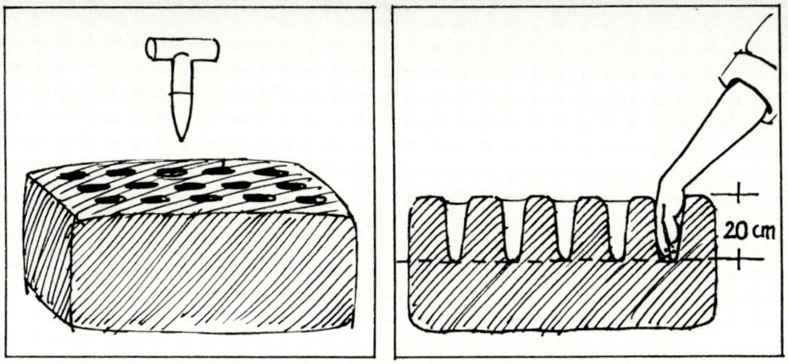

Die etwa 20 Zentimeter tiefen Löcher sollten gleichmäßig über den Ballen verteilt sein. Prüfen Sie vor dem Spicken die Temperatur.

gerundeten Holz möglichst tief in die Löcher. Oder Sie stecken von der Stäbchenbrut jeweils ein Stäbchen tief ins Stroh hinein. Um die Brut vor Temperaturschwankungen und Schädlingen zu schützen, werden die Löcher anschließend mit Stroh gut verschlossen. Trampeln Sie ruhig auf dem Strohballen herum, so verbessert sich der Kontakt zwischen Stroh und Pilzbrut. Sollte es nach dem Spicken der Strohballen längere Zeit regnen, schützen Sie den Strohballen z.B. mit einer Folie vor dem Regen. Achten Sie aber darauf, dass eine ausreichende Belüftung gewährleistet ist. Jetzt muss das Myzel nur noch den Ballen durchwachsen. Eine Herbstanlage kann getrost sich selbst überlassen werden, da um diese Zeit nicht mehr die Gefahr besteht, dass der Ballen austrocknet. Lediglich vor starken Frösten sollten Sie die Kultur zum Schutz mit etwas Reisig oder Laub bedecken. Das Gleiche gilt bei einer sehr späten Beimpfung, wenn die Brut noch nicht in den Ballen einwachsen konnte. Wer seine Kultur im Frühjahr anlegt, muss darauf achten, dass sie stets ausreichend feucht bleibt, aber nicht zu nass wird. Ein zu nasses Stroh beeinträchtigt das Myzelwachstum und bedeutet einen späteren Erntebeginn. Im Extremfall kann die Brut tatsächlich absterben. Ein normaler Regenguss schadet der Kultur jedoch nicht. Im Herbst angelegte Kulturen bringen ihre ersten Fruchtkörper etwa ab Mai/Juni des folgenden Jahres. Der Erntezeitpunkt hängt aber stark vom Witterungsverlauf des Frühjahrs ab. Im Frühjahr angelegte Strohballen werden etwa 2 bis 4 Monate später die ersten Pilze hervorbringen. Sie wachsen

Auch der Limonenpilz ist ein beliebter Strohballenbewohner

dann in der Regel bis in den späten Herbst hinein, Erntedauer und -ertrag sind allerdings vom Wetter abhängig. Der stark zusammengesackte Strohballen ist ein Zeichen dafür, dass die Kultur verbraucht ist. Bevor ein neuer Ballen seinen Platz bezieht, muss das alte Stroh vollständig entfernt werden. Der Anbau von Austernpilz, Kräuterseitling und Limonenpilz auf Stroh ähnelt dem Anbau der Braunkappe. Der Standort sollte vollschattig sein, damit eine ausreichende Feuchtigkeit garantiert ist. Eine Beschleunigung in der Durchwachszeit bei Austern- und Limonenpilz können Sie erreichen, wenn Sie den Ballen komplett in Folie einwickeln und zum Luftaustausch 20 bis 30 Löchern von etwa 5 Millimeter Durchmesser bohren. Etwa 4 bis 5 Monate lang wachsen in mehreren Wellen Pilze heran, Pausen von 3 Wochen und mehr sind möglich. Wachsen nach mehr als 5 Wochen keine Pilze nach und ist das Stroh bereits zusammengesackt, ist die Kultur beendet.

Pilzzucht auf Holz

Manch ein Pilzfreund entscheidet sich vielleicht auch für die Pilzzucht auf Holz. Für eine kleine Shiitake-Pilzzucht benötigen Sie Holz von Birke, Buche, Eiche oder Erle, möglichst frisch geschnitten und nicht älter als 6 Monate. Für Kräuterseitlinge, Limonenpilze, Austernpilze, Toskana-Pilze, Samtfußrübling (ein

Der Austern- oder Kalbfleischpilz lässt sich auch auf Holz gut züchten.

Winterpilz – er wächst zwischen Oktober und April), Stockschwämmchen, Südlicher Schüppling und Chinesische Morchel (Mu-err) sind alle Laubhölzer geeignet. Nadelholz ist für jede Pilzzucht ungeeignet. Mit der Holzkultur können Sie einige Jahre lang Ihre Lieblingspilze ernten.

Austernpilz & Co. auf Holz Die beste Anlagezeit ist das Frühjahr, denn das Myzel hat dann ausreichend Zeit bis zum Winter das Holz gut zu durchwachsen, damit der Frost keinen Schaden mehr anrichten kann. Doch auch im Spätherbst oder Winter lässt sich in einem frostfreien Raum das Holz mit Austernpilz-, Limonenpilz- und Kräuterseitlingsbrut beimpfen. Auch der Samtfußrübling wird auf die hier beschriebene Art gezüchtet. Holzstämme sind bei Landwirten, Holzhändlern, Forstverwaltungen und in Gartencentern erhältlich. Optimal sind Rundhölzer mit 20 bis 50 Zentimeter Durchmesser und 30 bis 40 Zentimter Länge. Die Laubholzart spielt keine Rolle. Allerdings ermöglicht Weichholz eine Besiedlung schon nach 3 bis 6 Monaten, mit einer Nutzungsdauer von 3 Jahren. Harthölzer bringen den ersten Ertrag erst nach 12 bis 15 Monaten, allerdings können Sie bis zu 7 Jahre von Ihrem Anbau profitieren. Je frischer das Holz, umso besser gedeihen die Pilze. Das Holz sollte natürlich gesund und höchstens seit 6 Monaten geschnitten sein, das Alter des Baumes spielt keine Rolle. Die Rinde des Stammes sollte möglichst unbeschädigt sein. Die Hölzer müssen einen gewissen Grad an Feuchtigkeit aufweisen. Sind die Risse in der Schnittfläche breiter als die Schmalseite eines 1-Cent-

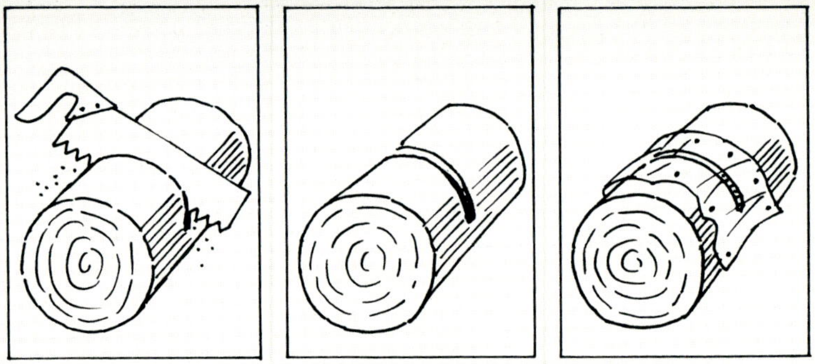

Einschnittimpfung

Stücks, sollte das Holz etwa 3 Tage gewässert werden. Vor dem Beimpfen muss die Feuchtigkeit oberflächlich abgetrocknet sein.

Einschnittimpfung Sägen Sie in der Mitte des Stammes parallel zu den Schnittflächen einen etwa 1 bis 2 Zentimter breiten Spalt. Er darf nicht zu tief sein, damit das Holz stabil bleibt. In diesen Schnitt wird die Brut bis zum Rand eingefüllt. Sie dürfen vorsichtig mit einem Holzstab oder den Händen nachschieben, damit die Brut möglichst dicht am Holz anliegt. Zum Schutz der Brut befestigen Sie einen Folienstreifen so dicht wie möglich um den Schlitz.

Schnittflächenimpfung Wem die Einschnittimpfung zu aufwendig ist, der kann auch einfach eine Lage Brut auf eine Schnittfläche verteilen. Die Schnittfläche muss sauber sein, damit keine Infektionen das Wachstum beeinträchtigen können. Auch bei dieser Methode muss die Impfstelle sorgfältig mit Folie abgedichtet werden.

Bohrlochimpfung Bei dieser Art der Beimpfung werden 8 bis 10 Löcher mit einem Durchmesser von 1 bis 2 Zentimter so tief wie möglich in den Stamm gebohrt. In diese Löcher wird die Brut eingefüllt. Anschließend müssen diese Stellen so dicht wie möglich, z. B. mit einem Korken, Folie, Klebeband o. ä. verschlossen werden. Möchten Sie Ihre Stämme mit Stäbchenbrut beimpfen, bohren Sie die Löcher mit einem 9 mm-Bohrer spiralförmig verteilt um den Stamm, ca. 50 mm tief. Um eine

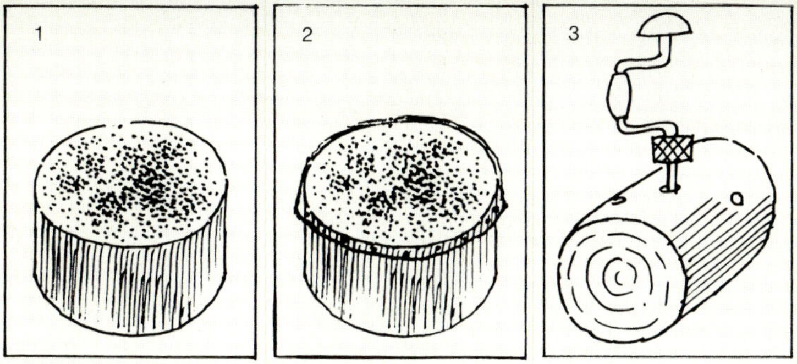

Schnittflächen-beimpfung (1+2) und Bohrloch-Impfmethode (3).

hohe Luftfeuchtigkeit zu erhalten, werden die Stämme an einem vollschattigen windgeschützten Ort im Garten dicht an dicht gelagert. Hölzer mit Einschnitt- oder Bohrmethode können flach gelegt werden, schnittflächenbeimpfte Stämme sollten stehen. Dann können Sie die Anlage getrost sich selbst überlassen. Bei dem Anlegen einer Kultur im Spätherbst oder Winter müssen die Stämme in einem frostfreien Raum lagern, z B. im Keller, aber nicht im Heizungsraum. Die Myzelbildung beginnt bei 6 bis 8 Grad. Ein sichtbares Zeichen für einen durchwachsenen Stamm ist das weiße Myzel, das unter feuchten Bedingungen an manchen Stellen erscheint. Schimmelpilze können zum Misserfolg eines Anbaus beitragen. Ist trotz eines Befalls an der Impfstelle noch weißes Myzel vorhanden, so können dennoch Pilze wachsen. Ist die gesamte Brut betroffen, muss sie entfernt werden. Bis zu 6 Wochen nach dem Impfen können die Impfstellen ausgefräst werden und noch einmal beimpft werden. Sobald die Stämme durchgewachsen sind, werden Sie etwa 10 Zentimter tief in den Gartenboden an einem schattigen Ort eingegraben. Die Stämme versorgen sich nun mit Nährstoffen und Feuchtigkeit aus der Erde. Etwa 8 Wochen nach dem Eingraben kann mit den ersten Pilzen gerechnet werden. In seltenen Fällen kann es aber bis zu 10 Monate dauern, bis die Pilze wachsen. Meistens erfolgen die Ernten im Lauf des Jahres in mehreren Schüben. Die Pilze werden dicht am Holz abgeschnitten, solange der Hut noch leicht nach unten gewölbt ist.

Der Shiitake ist eine Delikatesse. Er wird in Japan auch heute noch verbreitet auf Holz gezogen.

Shiitake-Kultur auf Holz Für den Shiitake-Pilz sind Knüppel von 1 bis 1,5 Meter Länge und einem Durchmesser von 8 bis 25 Zentimetern ideal. Frisch geschnittene Eiche muss vor dem Beimpfen 4 bis 6 Wochen lagern. Die Beimpfung erfolgt wie beim Austernpilz beschrieben. Lediglich wird bei langen Knüppeln durch 2 oder mehr Einschnitte ein zügigeres Durchwachsen ermöglicht. Stäbchenbrut steckt man in 12 bis 16 spiralförmig um den Stamm verteilte Bohrlöcher. Bei Weichhölzern können Sie mit den ersten Pilzen nach 3 bis 6 Monaten rechnen, nach spätestens 4 Jahren ist das Weichholz aufgebraucht. Harthölzer bringen frühestens nach 8 bis 12 Monaten die ersten Erträge. Dafür ist mit einem höheren Gesamtertrag und mit einer Kulturdauer von bis zu 7 Jahren zu rechnen. Für die Erntezeit werden die Hölzer aufgestellt, da die Pilze an jeder Stelle des Stamms sprießen können. Ein Eingraben der Hölzer ist beim Shiitake nicht erforderlich, jedoch zum Feuchthalten empfehlenswert. Da die Shiitake-Anlage keinen Erdkontakt benötigt, kann sie auch im Keller aufgestellt werden, allerdings nicht im Heizkeller. Wenn Sie die Anlage auf Ihren Balkon oder Ihre Terrasse stellen möchten, achten Sie darauf, dass sie windgeschützt und natürlich schattig steht. Eine sichere Methode, um nach dem Durchwachsen eine Fruchtkörperbildung auszulösen, ist es, den gesamten Stamm für 24 Stunden unter kaltes Wasser zu tauchen, auf keinen Fall länger, da sonst das Myzel abgetötet wird. Anschließend wird der Knüppel auf festem Untergrund 3 bis 4-mal kräftig aufgeschlagen.

In manchen Gegenden wird der südliche Schüppling ebenso kultiviert wie das Stockschwämmchen.

Bei hoher Luftfeuchtigkeit und Temperaturen um 20 Grad erscheinen etwa 4 bis 14 Tage später die Pilze. Zwischen Ernte und nächstem Tauchvorgang muss der Stamm mindestens 8 Wochen trocken ruhen. Shiitake-Pilze werden relativ selten von Schädlingen heimgesucht. Schnecken schmeckt dieser Pilz allerdings wunderbar. Ebenso müssen die Impfstellen so gut wie möglich mit Plastikfolie abgedichtet sein, damit keine Fliegen oder deren Maden die Brut verderben.

Stockschwämmchen-Kultur Das Stockschwämmchen gilt als einer der besten und aromatischsten Speisepilze. Wer ihn einmal gegessen hat, wird nie mehr auf ihn verzichten wollen. In der freien Natur wächst der Pilz auf Laubholz. Auch bei der Kultivierung wählen Sie am besten Eiche, Buche, Birke, Pappel, Weide oder Erle. Die Auswahl des Holzes ist beim Anbau von Austernpilzen beschrieben. Als Impfmethode wählen Sie die Schnittimpfung und geben die Brut direkt aus der Packung in den Schnitt ohne die Brut mit den Händen zu berühren. Dichten Sie den Schnitt mit Folie gut ab. Die optimale Durchwachstemperatur liegt bei 20 Grad. Dann ist mit der ersten Fruchtkörperbildung nach 12 Monaten, bei Harthölzern frühestens nach 16 Monaten zu rechnen. Die Stämme werden für die Erntezeit an einer feuchten und schattigen Stelle in den Gartenboden eingegraben. Die Pilze erscheinen gewöhnlich im Spätherbst in mehreren Ernteschüben. Sie werden so nah wie möglich am Holz abgeschnitten. Für die mehrjährige Erntezeit können Sie den Stamm an Ort und Stelle lassen, Frost schadet ihm nicht.

Köstliche Waldgartenbewohner:
Kräuterseitling...

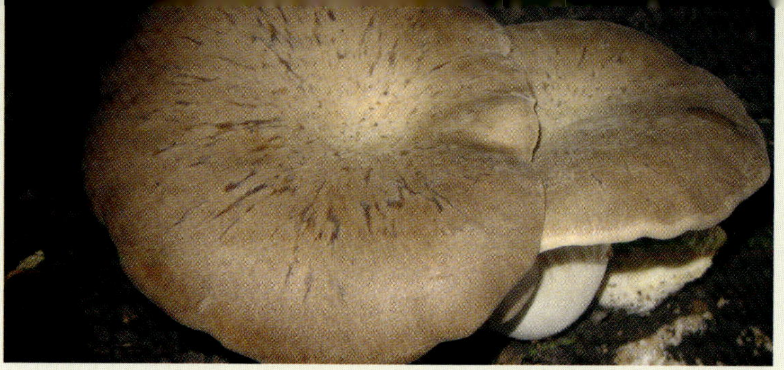

Waldgartenpilzkultur im Garten Die Alternative zu Strohballen oder Holzstämmen im Garten ist die Waldgartenpilzkultur. Im gut sortierten Handel werden 5 Pilzarten mit unterschiedlichen Temperaturansprüchen angeboten: Braunkappe, Austernpilz, Kräuterseitling, Toskanapilz und Stockschwämmchen. Braunkappen wachsen bei Temperaturen ab 18 Grad, optimal bei 20 bis 30 Grad. Die erste Ernte erfolgt nach rund 3 Monaten. Austernpilze wachsen ab 8 Grad, optimal zwischen 15 und 25 Grad. Die erste Ernte ist nach rund 6 Wochen möglich. Günstig für das Wachstum ist hohe Luftfeuchtigkeit und ein Windschutz. Kräuterseitlinge wachsen bei 10 bis 20 Grad. Die erste Ernte beginnt nach rund 2 bis 4 Monaten. Toskanapilze wachsen wie Kräuterseitlinge zwischen 10 und 20 Grad. Erste Ernte erfolgt nach 2 bis 4 Monaten. Mehrere Ernten jährlich sind möglich – über mehrere Jahre. Stockschwämmchen wachsen ab 6 Grad, optimal sind 10 bis 18 Grad. Eine erste Ernte ist nach 2 bis 3 Monate zu erwarten. Beste Anlagezeit für alle: Frühjahr bis Ende Oktober. Die Waldgartenpilzkultur besteht aus dem gepressten Spezialsubstrat und der Pilzbrut. Der beste Standort ist unter einem Schatten spendenden Busch. Heben Sie etwa 1 Quadratmeter 15 Zentimeter tief aus. Wässern Sie das Substrat und verteilen die Hälfte in dem Aushub. Die Pilzbrut in daumengroße Stücke zerteilen und gleichmäßig auf dem Substrat verteilen. Anschließend mit dem restlichen feuchten Substrat abdecken, andrücken und etwa 2 Zentimeter Mutterboden darüber geben – fertig. Je

und Stockschwämmchen

nach Jahreszeit und Pilzart kann man schon nach 8 bis 12 Wochen mit den ersten Pilzen rechnen. Frost schadet nicht, je nach Sorte und klimatischen Bedingungen sind Ernten über etliche Jahre hinweg möglich.

Schneckenalarm!

Wissen Sie, wer noch viel lieber Pilze isst als Sie? Schnecken! In der Dämmerung schleichen sie aus ihren Verstecken, rutschen auf schleimiger Spur immer der Nase nach und machen sich schon über die kleinsten Pilze her, die gerade aus dem Boden hervorlugen. Große Pilze sehen manchmal geradezu wie durchlöchert aus. Geben Sie den Kriechtieren keine Chance, Ihre Schätze des Nachts zu stehlen. Schützen Sie Ihre Pilzkultur im Garten mit einem Schneckenzaun oder Schneckenkorn. Sie können die hungrigen Kriechtiere auch ganz früh morgens einsammeln und vernichten. Durch den appetitlichen Duft der Pilze werden auch andere Tiere und Vögel angelockt. Schützen Sie Ihre Pilze mit einem Drahtgeflecht.

Als Auftakt & zwischendurch:

VORSPEISEN & SNACKS

Crostini mit Steinpilzen

3 Schalotten ◆ 300 g Steinpilze ◆ 3 EL Butter ◆ Salz ◆ Pfeffer ◆ 4 EL gehackte Petersilie ◆ 12 Scheiben Bacon ◆ 12 Baguettescheiben ◆ etwas Olivenöl

1 Schalotten abziehen und fein würfeln. Steinpilze putzen und ebenfalls würfeln. Schalotten in heißer Butter kurz anschwitzen. Pilze hinzufügen und unter Rühren 3 Min. braten. **2** Pilze mit Salz, Pfeffer und Petersilie abschmecken. Den Bacon in einer großen Pfanne beidseitig kross braten. Den Backofen auf 200 °C (Umluft 180 °C) vorheizen. **3** Die Baguettescheiben auf einer Seite mit etwas Öl beträufeln. Die Brotscheiben auf ein Rost legen und im heißen Backofen 3 Min. rösten. Die Pilzmasse darauf verteilen und weitere 5 Min. backen. Jeweils 1 Baconscheibe auf die Crostini legen und heiß anrichten.

Jägertoast mit Braunkappen

1 rote Paprikaschote ◆ 300 g Braunkappen ◆ 4 Frühlingszwiebeln ◆ 2 Knoblauchzehen ◆ 6 EL Butter ◆ 1/2 TL Kräuter der Provence ◆ Salz ◆ Pfeffer ◆ 4 Scheiben Toastbrot ◆ 4 Scheiben gekochter Schinken ◆ 4 kleine Eier

1 Die Paprikaschote mit einem Sparschäer schälen und in 5 gleich große Stücke schneiden. Ein Stück sehr fein würfeln und beiseite legen. Die anderen 4 Paprikastreifen in wenig Wasser 10 Min. garen und abgießen. **2** Pilze und Frühlingszwiebeln putzen und in feine Scheiben schneiden. Frühlingszwiebelgrün fein schneiden und beiseite legen. Knoblauch abziehen und fein hacken. Pilze, Zwiebeln und Knoblauch in 4 EL heißer Butter 3 bis 4 Min. braten. Mit Kräutern, Salz und Pfeffer würzen. **3** Brotscheiben toasten, mit Paprika, Schinken und Pilzen belegen. In der restlichen Butter 4 Spiegeleier braten, salzen und auf die Toastbrote legen. Mit Zwiebelgrün und Paprikawürfeln bestreuen. **Tipp** Statt der Braunkappen können auch Maronen oder gemischte Waldpilze verwendet werden.

Frittierte Champignons mit grüner Sauce

Für die Sauce 1 kleine Schalotte ◆ 2 Knoblauchzehen ◆ 400 g Joghurt ◆ 1 TL scharfer Senf ◆ 1 TL Honig ◆ 2 EL Zitronensaft ◆ 4 EL frisch gepresster Orangensaft ◆ 2 hart gekochte Eier ◆ 1 kleine Salzgurke ◆ 2 EL Kapern ◆ 1 Tasse gemischte gehackte Kräuter ◆ Salz ◆ Pfeffer
Für die Champignons 500 g nicht zu große Champignons ◆ 4 EL Mehl ◆ 2 Eier ◆ 2 altbackene Baguettebrötchen ◆ 4 EL geriebener Parmesan ◆ 1 TL gehackte Rosmarinnadeln ◆ etwas abgeriebene Zitronenschale ◆ Sonnenblumenöl oder Butterschmalz zum Frittieren
Außerdem 1 Bund krause Petersilie ◆ 1 Bio-Zitronen ◆ 1 Bio-Orange

1 Für die Sauce Schalotte und Knoblauch abziehen und sehr fein würfeln. Joghurt mit Senf, Honig, Zitronensaft, Orangensaft sowie den Schalotten- und Knoblauchwürfeln mischen. **2** Eier pellen und fein würfeln. Die Salzgurke ebenfalls fein würfeln, Kapern etwas feiner hacken. Alles mit den Kräutern zum Joghurt geben und gut vermengen. Mit Salz und Pfeffer würzen. **3** Die Sauce mit etwas Gurken- und/oder Kapernflüssigkeit geschmeidig rühren und bis zum Servieren kühl stellen. **4** Die Champignons putzen und die Pilzköpfe in Mehl wälzen. Eier mit Salz und Pfeffer in einem tiefen Teller verquirlen. Brötchen fein reiben und mit Parmesan, Rosmarin und ein wenig abgeriebener Zitronenschale in einem anderen tiefen Teller vermengen. **5** Sonnenblumenöl oder Butterschmalz in einer Fritteuse oder in einem hohen Topf auf etwa 165 °C erhitzen. Pilze durchs Ei ziehen und in der Bröselmischung wenden. Im heißen Fett nacheinander goldgelb frittieren und auf Küchenpapier entfetten. **6** Die frittierten Champignons auf einer angewärmten Platte mit Petersiliensträußchen, Zitronen- und Orangenachteln anrichten. Die Sauce getrennt dazu reichen. **Tipp** Sie können auch fertig gekauftes Paniermehl verwenden. Allerdings schmeckt ein frisch hergestelltes Paniermehl aus würzigem, altbackenen Brot besonders fein.

Crêpes mit Pilzallerlei

Für die Füllung 2 EL getrocknete Herbsttrompeten ◆ 350 g Limonenpilze ◆ 100 g Pfifferlinge ◆ 100 g getrocknete Tomaten in Öl ◆ 2 Schalotten ◆ 2 Knoblauchzehen ◆ 1 Rosmarinstängel ◆ 4 Thymianstängel ◆ 2 EL Tomatenmark ◆ Salz ◆ Pfeffer ◆ 4 EL Butter ◆ 4 EL Weißwein ◆ Etwas abgeriebene Zitronenschale ◆ 100 g Crème double
Für die Crêpes 3 Eier ◆ 125 g Mehl ◆ 200 ml Milch ◆ 2 EL flüssige Butter ◆ 1 Schuss Mineralwasser ◆ Butterschmalz zum Braten
Außerdem 100 g Feldsalat

1 Die Herbsttrompeten in 6 EL warmem Wasser 30 Min.einweichen. Limonenpilze und Pfifferlinge putzen und in Streifen schneiden. Das Öl der getrockneten Tomaten in eine Pfanne gießen. Die Tomaten in Streifen schneiden. Schalotten und Knoblauch abziehen und fein würfeln. **2** Die Hälfte von Schalotten und Knoblauch in die Pfanne zum Öl geben und weich schmoren. Rosmarinnadeln und Thymianblättchen grob hacken. Die Hälfte zu den Zwiebeln geben. **3** Tomaten und Tomatenmark sowie das Pilzeinweichwasser hinzufügen und 5 Min. offen köcheln lassen, dann pürieren. Die Sauce mit Salz und Pfeffer abschmecken. **4** Die Butter in einer Pfanne erhitzen, restliche Zwiebel- und Knoblauchwürfel und alle Pilze darin anbraten, bis alle Flüssigkeit verdampft ist. Mit Weißwein ablöschen und etwas Zitronenschale hinzufügen. Crème double untermischen und mit den restlichen Kräutern, Salz und Pfeffer würzen. **5** Für die Crêpes die Eier mit Mehl, etwas Salz und Pfeffer glatt rühren. Milch, flüssige Butter und etwas Mineralwasser dazugeben und 30 Min. ausquellen lassen. **6** Etwas Butterschmalz in einer beschichteten Pfanne erhitzen und nacheinander 4 dünne Crêpe backen. Jeden Crêpe mit einem Viertel der Pilzmasse füllen und zur Hälfte zusammenklappen. Mit etwas Feldsalat und Tomatensauce garnieren. **Tipp** Wenn Sie frische Herbsttrompeten verwenden, brauchen Sie davon 75 bis 100 g. Sie werden geputzt, klein geschnitten und und in wenig Fett gegart.

Für den Teig 250 g Mehl ◆ 10 g frische Hefe ◆ 1 Prise Zucker ◆ Salz ◆ 2 EL Olivenöl ◆ 1 TL Oregano ◆ Butter fürs Backblech

Für den Belag 1 Dose Pizzatomaten ◆ 1 EL Tomatenmark ◆ 1 Knoblauchzehe ◆ Pfeffer ◆ 125 g gekochter Schinken ◆ 250 g braune Champignons ◆ 400 g Mozzarella ◆ Etwas Olivenöl ◆ 1/2 Bund Rucola ◆ 1 TL rosa Pfeffer

1 Für den Teig das Mehl in eine Schüssel sieben. Die Hefe zerbröckeln und mit etwas Zucker und 1/8 l lauwarmem Wasser glatt rühren. Das Hefewasser zugedeckt 15 Min. ruhen lassen. **2** Das Mehl mit etwas Salz, Olivenöl und dem Oregano mischen und das Hefewasser darüber gießen. Alles zu einem glatten Teig verkneten. Ein Backblech gut mit Butter einfetten und den Teig darauf so groß es geht rund ausrollen. Zugedeckt 30 Min. ruhen lassen. **3** Für den Belag die Pizzatomaten mit Tomatenmark mischen. Knoblauch abziehen und durch die Presse dazudrücken. Mit Salz und Pfeffer abschmecken. Den Schinken ohne Fettrand grob würfeln. **4** Pilze putzen und Pilzköpfe in dünne Scheiben schneiden. Die Mozzarellakugeln in dünne Scheiben schneiden. Den Backofen auf 200 °C (Umluft 180 °C) vorheizen. **5** Den gegangenen Teigboden mit Tomatensauce bestreichen. Pilze, Schinken, Mozzarella, Salz, Pfeffer und etwas Öl in dieser Reihenfolge auf den Pizzaboden geben und auf der untersten Stufe 25 bis 30 Min. backen. Rucolablätter grob darüber zupfen und mit zerdrückten Pfefferkörnern bestreuen. Die Pizza vierteln und heiß servieren. **Tipp** Würziger als der Mozzarella aus Kuhmilch ist der Käse aus reiner Büffelmilch. Dieser Mozzarella ist etwas fettreicher, erfreut den Feinschmecker jedoch durch einen würzigen Geschmack.

Quiche mit Mischpilzen

Für den Teig 225 g Mehl ◆ 100 g kalte Butter ◆ 1 kleines Ei ◆ Salz ◆ Butter für die Form ◆ 250 g Hülsenfrüchte zum Blindbacken

Für die Füllung 200 g Braunkappen ◆ 200 g Pioppino-Pilze ◆ 200 g Igelstachelbart ◆ 2 Zwiebeln ◆ 1 Knoblauchzehe ◆ 50 g Räucherschinken ◆ 4 EL Butter ◆ 1 EL Zitronensaft ◆ 1 TL frische Thymianblättchen ◆ 300 g Crème fraîche ◆ 3 Eier ◆ Pfeffer

1 Für den Teig das Mehl mit kalten Butterflöckchen, Ei, Salz und ein paar Tropfen Wasser aus Eiswürfeln rasch zu einem glatten Teig verarbeiten. Eine Quiche- oder Tarteform gut einfetten, den Teig hineindrücken und 1 Std. kühl stellen. **2** Den Backofen auf 200 °C (Umluft 180 °C) vorheizen. Den Teigboden mit einer Gabel mehrmals einstechen und mit Butterbrotpapier oder Alufolie belegen und mit Hülsenfrüchten bestreuen. Im Backofen auf der mittleren Schiene 15 Min. vorbacken. Papier oder Folie und Hülsenfrüchte entfernen. Backofen nicht ausschalten. **3** Für die Füllung alle Pilze putzen und grob würfeln. Zwiebeln und Knoblauch abziehen und fein würfeln. Räucherspeck ebenfalls fein würfeln. Die Butter in einer weiten Pfanne erhitzen und Zwiebeln, Knoblauch und Pilze darin unter Rühren 3 Min. schmoren. **4** Räucherspeck, Zitronensaft, Thymianblättchen, Crème fraîche und Eier einrühren mit Salz und Pfeffer würzen. Die Füllung auf dem vorgebackenen Teigboden verteilen und im heißen Backofen weitere 20 bis 25 Min. backen und ofenfrisch servieren. **Tipp** Damit der Boden nicht durchweicht, werden Teige für Quiches und Tartes vorgebacken. Die Hülsenfrüchte (Erbsen, Linsen, Bohnen) können immer wieder verwendet werden.

Gebratene Austernpilze mit Knoblauch

500 g Austernpilze ◆ 50 g Butter ◆ 4 Knoblauchzehen ◆ 1 Bio-Zitrone ◆ 4 EL Olivenöl ◆ Salz ◆ Pfeffer ◆ 4 EL grob gehackte Blattpetersilie

1 Die Pilze putzen und abreiben. Die Butter in 2 Pfannen erhitzen und die Pilze darin auf beiden Seiten rasch kräftig anbraten und warm halten. **2** Knoblauch abziehen und grob hacken. In dem Bratfett leicht anbraten und über die Pilze geben. Die Zitrone heiß waschen und etwas Schale über die Pilze reiben. Die Frucht auspressen. **3** Für das Dressing 2 bis 3 EL Zitronensaft mit Öl, Salz, Pfeffer und Petersilie mischen. Über die heißen Pilze gießen.

Pilzsalat mit Kräutern

Für den Salat 500 g gemischte Wald- und/oder Zuchtpilze ◆ 6 EL Olivenöl ◆ 2 Schalotten ◆ 4 Tomaten ◆ 2 bis 3 EL Balsamessig ◆ Salz ◆ Pfeffer ◆ Zucker ◆ 2 EL Schnittlauchröllchen ◆ 2 EL gehackter Dill ◆ 2 EL gehackte Petersilie

1 Die Pilze abreiben, putzen und in gleich große Stücke schneiden. Etwa 2 EL Öl in einer weiten Pfanne erhitzen und die Pilze darin unter Rühren 4 Min. braten. **2** Schalotten abziehen und fein hacken. Tomaten kurz in kochendes Wasser tauchen, häuten, entkernen und grob würfeln, beides zu den Pilzen geben. Essig mit dem restlichen Öl, Salz, Pfeffer, Zucker und den Kräutern mischen. Über die Pilze gießen und mindestens 2 Std. durchziehen lassen.

Rührei mit Grieben und frischen Shiitake-Pilzen

150 g fetter Speck ◆ 200 g frische Shiitake-Pilze ◆ 1 Bund Frühlingszwiebeln ◆ Salz ◆ Pfeffer ◆ 8 Eier ◆ 4 EL Milch ◆ 1 EL Sojasauce ◆ 12 Kirschtomaten ◆ 4 kleine Rosmarinstängel

1 Den Speck sehr fein würfeln und in einer Pfanne langsam knusprig ausbraten. Die Grieben auf Küchenpapier entfetten. Das Fett in eine Schale gießen. Die Pilze putzen und Pilzköpfe in schmale Streifen schneiden. **2** Den weißen und hellgrünen Teil der Frühlingszwiebeln putzen und sehr fein schneiden. Zuerst die Pilze in etwas Speckfett 5 Min. braten und herausnehmen. Nun die Frühlingszwiebeln darin weich, aber nicht braun schmoren. Pilze wieder hinzufügen und mit Salz und Pfeffer würzen. **3** Die Eier mit Milch, Sojasauce, Salz und Pfeffer verrühren. In einer großen Pfanne mit etwas Speckfett ein saftiges Rührei herstellen. Tomaten und Rosmarin ebenfalls in etwas Speckfett braten. Die Pilzmischung wieder erwärmen. **4** Das Rührei auf 4 Tellern oder auf einer großen Platte anrichten, Pilzmischung, Grieben, Tomaten und Rosmarinstängel darüber geben. **Tipp** Das Rührei schmeck natürlich auch mit Pfifferlingen, Steinpilzen und Braunkappen oder Maronen. Wer Speckfett und Grieben nicht mag, lässt die Grieben weg und nimmt zum Braten eine Mischung aus Butter und Olivenöl.

Kleiner Spinatauflauf mit Kräuterseitlingen

Für den Auflauf 500 g zarten Blattspinat ◆ 1 Schalotte ◆ 1 Knoblauchzehe ◆ 5 TL Butter ◆ 5 Eier ◆ Salz ◆ Pfeffer ◆ Muskat
Für die Pilze 250 g Tomaten ◆ 2 EL Olivenöl ◆ 1 EL Tomatenmark ◆ 1 TL Tomatenketschup ◆ 300 g Kräuterseitlinge ◆ 40 g Butter ◆ 4 EL gehackte Petersilie ◆ 100 g Bacon, nach Belieben

1 Für den Auflauf den Spinat putzen und gründlich waschen. Den abgetropften Spinat in einem Topf mit kochendem Wasser einmal aufkochen und zusammenfallen lassen. Die Spinat abgießen, gut ausdrücken und grob zerkleinern. **2** Schalotte und Knoblauch abziehen und fein würfeln. In 4 TL heißer Butter weich, aber nicht braun schmoren. Den Spinat untermischen. 4 kleine Auflaufförmchen oder feuerfeste Tassen mit der restlichen Butter einfetten. **3** Den Backofen auf 180 °C (Umluft 160 °C) vorheizen. Die Eier mit Salz, Pfeffer und Muskat würzen und mit dem Spinat verrühren. Die Masse in die Förmchen füllen und im heißen Backofen 45 bis 50 Min. garen. **4** Für die Pilze die Tomaten kurz in kochendes Wasser tauchen, häuten, entkernen und würfeln. In Olivenöl 3 Min. garen. Mit Tomatenmark, Tomatenketschup, Salz und Pfeffer würzen. **5** Die Pilze putzen und in kleine Stücke schneiden. In heißer Butter sanft ewa 10 Min. garen. Mit Salz, Pfeffer und gehackte Petersilie abschmecken. Den Bacon knusprig braten. Die kleinen Aufläufe stürzen, Pilze und Tomaten dazusetzen und mit Baconscheiben belegen.

Warmer Kartoffelsalat mit Pfifferlingen

Für den Salat 800 g fest kochende Kartoffeln ◆ 3/4 l Fleisch- oder Gemüsebrühe ◆ 200 g Pfifferlinge ◆ 3 EL Butter ◆ 1 EL Sonnenblumenöl ◆ 75 g Schwarzwälder Schinken
Für das Dressing 2 Schalotten ◆ 1 Knoblauchzehe ◆ 3 bis 4 EL Zitronensaft ◆ 3 bis 4 EL Sonnenblumenöl ◆ 1 Eigelb ◆ Salz ◆ Pfeffer ◆ 1 Bund glatte Petersilie

1 Für den Salat die Kartoffeln in 20 bis 25 Min. in wenig Wasser garen, abgießen, pellen und in dünne Scheiben schneiden. Die Brühe erhitzen und über die Kartoffeln gießen. Die Kartoffelscheiben 30 Min. durchziehen lassen. **2** Pilze putzen und je nach Größe ganz lassen oder klein schneiden. Die Butter mit dem Öl mischen und die Pilze darin bei großer Hitze unter Rühren 4 bis 5 Min. braten. Den Schinken ohne Fettrand in schmale Streifen schneiden und mit den Pilzen mischen. **3** Für das Dressing Schalotten und Knoblauch abziehen und fein würfeln. Zitronensaft und Sonnenblumenöl bis jeweils auf einen kleinen Rest cremig rühren. Schalotten, Knoblauch und Eigelb untermischen und mit Salz, Pfeffer würzen. **4** Die Kartoffeln abgießen und etwas Brühe auffangen. Das Dressing über die warmen Kartoffeln gießen. Pilzmischung unterrühren und 30 Min. durchziehen lassen. Vor dem Anrichten evtl. noch einmal nachwürzen und bei Bedarf etwas Zitronensaft, Öl oder Brühe einrühren. Zum Schluss mit grob gezupfter Petersilie mischen. **Tipp** Warme und abgekühlte Kartoffeln lassen sich gut mit Hilfe eines Eierschneiders in gleichmäßig dünne Scheiben schneiden.

Rucola-Tomaten-Salat mit Mozzarella und Maronen

Für den Salat 2 Bund Rucola, ca. 150 g ◆ 100 g rote Kirschtomaten ◆ 100 g gelbe Kirschtomaten ◆ 200 g Büffelmozzarella ◆ 350 g Maronen ◆ 3 EL Butter ◆ 1 Knoblauchzehe ◆ Salz ◆ Pfeffer
Für das Dressing 2 EL Zitronensaft ◆ 2 EL Balsamessig ◆ 6 EL Olivenöl ◆ 50 g Parmesan am Stück

1 Für den Salat den Rucola putzen, waschen und gut abtropfen lassen. Dann auf Tellern verteilen. Die Tomaten waschen, trockenreiben und die Stielansätze wegschneiden. Die Tomaten halbieren und über den Rucola streuen. **2** Den Büffelmozzarella zwischen Küchenpapier vorsichtig etwas ausdrücken und grob würfeln. Ebenfalls über die Salatteller geben. **3** Die Pilze putzen und die Pilzköpfe in etwa 3 mm dicke Scheiben schneiden. Die Butter in einer Pfanne erhitzen und die Pilze darin rasch von allen Seiten anbraten. **4** Den Knoblauch abziehen und durch die Presse zu den Pilzen drücken. Mit Salz und Pfeffer würzen. Die warmen Pilze über den Salat streuen. **5** Für das Dressing Zitronensaft, Balsamessig und Olivenöl cremig rühren. Mit Salz und Pfeffer würzen. Den Parmesan in hauchdünnen Scheiben über den Salat hobeln und mit dem Dressing beträufeln. **Tipp** Der Rucola kann gut durch Romanasalat, Eisbergsalat oder eine Blattsalatmischung ersetzt werden. Statt Mozzarella schmecken auch Nocken aus griechischem Jogurt sehr gut in diesem Sommersalat.

Gemüsesalat mit asiatischen Pilzen

Für den Salat 2 EL Mu-Err-Pilze ◆ 1 dicke Möhre ◆ 1 Stange Lauch ◆ 2 Selleriestangen ◆ 1 rote Paprikaschote ◆ 150 g Zucchini ◆ 100 g Zuckerschoten ◆ 75 g frische Mungbohnensprossen ◆ Salz ◆ 1 kleine Aubergine ◆ 200 g frische Shiitake-Pilze ◆ 3 bis 4 EL Sonnenblumenöl ◆ 2 Knoblauchzehen
Für das Dressing 2 EL Reisessig oder Weißweinessig ◆ 2 EL Sojasoße ◆ 4 EL Sonnenblumenöl ◆ einige Tropfen dunkles Sesamöl ◆ 1 TL geriebener Ingwer ◆ 1 EL Thai-Chicken-Sauce ◆ 1 rote Chilischote ◆ 3 EL gesalzene Erdnüsse

1 Für den Salat die Mu-Err-Pilze in 1/4 l lauwarmem Wasser 30 Min. einweichen. Das Gemüse putzen und waschen. Möhre, Lauch, Selleriestangen, geschälte Paprikaschote, Zucchini und Zuckerschoten in Streichholz große Stifte schneiden. Sprossen abspülen. **2** Das klein geschnittene Gemüse sowie die Sprossen in kochendem Salzwasser 1 Min. ziehen lassen. Das Gemüse abgießen und in eine große Schüssel mit Eiswasser aus Eiswürfeln legen. Das Gemüse abgießen und gut abtropfen lassen. **3** Die Aubergine in gut 1 cm große Würfel schneiden. Die Pilze putzen und die Pilzhüte in dicke Streifen schneiden. Etwas Öl in einer großen Pfanne oder im Wok erhitzen und zunächst die Auberginenwürfel darin rundherum kräftig braten und auf Küchenpapier entfetten. **4** Die Mu-Err-Pilze abgießen, das Einweichwasser auffangen. Die Pilze grob schneiden. Das restliche Öl in die Pfanne oder den Wok gießen und die Shiitake- und Mu-Err-Pilze darin einige Min. garen und mit dem Gemüse und den Auberginenwürfeln mischen. Etwas Einweichwasser hinzufügen und alle Zutaten einige Min garen und in eine Schüssel umfüllen. Knoblauch abziehen und durch die Presse zur Gemüsemischung drücken und alles gut vermengen. **5** Für das Dressing alle Zutaten mischen. Die Chilischote mit oder ohne Kerne fein würfeln. Mit dem Dressing verrühren und mit Salz und Pfeffer abschmecken. Die Erdnüsse grob hacken. Das Dressing über die Salatzutaten gießen und mit den Erdnüssen bestreuen. Kurz durchziehen lassen.

Kohlrabi-Carpaccio mit Pfifferlingen und Herbsttrompeten

75 g frische Herbsttrompeten ◆ 200 g Pfifferlinge ◆ 1 rote Chilischote ◆ 100 g Bacon ◆ 1 großer oder 2 kleine Kohlrabi mit Grün ◆ 2 EL Butter ◆ 3 EL Sonnenblumenöl ◆ 1 EL Zitronensaft ◆ Salz ◆ Pfeffer ◆ 50 g Parmesan

1 Die Herbsttrompeten und Pfifferlinge putzen und je nach Größe ganz lassen oder klein schneiden. Die Chilischote mit oder ohne scharfe Kerne sehr fein hacken. Den Bacon in einer Pfanne beidseitig sehr knusprig braten und auf Küchenpapier entfetten. **2** Kohlrai schälen und alle holzigen Teile wegschneiden. Zartes Blattgrün in Streifen schneiden und beiseite legen. Das Gemüse in sehr dünne Scheiben hobeln und auf 4 Tellern dachziegelartig ausbreiten. **3** Jeweils die Hälfte von Butter und Öl in einer Pfanne erhitzen und alle Pilze darin 3 bis 4 Min. schmoren. Abgetropfte Pilze auf den Kohlrabischeiben verteilen. Restliche Butter und Öl mit Zitronensaft in die Pfanne geben, erwärmen und mit Salz und Pfeffer abschmecken. **4** Das lauwarme Dressing über das Gemüse träufeln. Den knusprigen Bacon grob zerbröseln und mit Chili und Kohlrabigrün über den Pilzen verteilen. Den Parmesan grob darüber hobeln. **Tipp** Die Pfifferlinge können durch Semmelstoppelpilze oder Stockschwämmchen ersetzt werden. Stockschwämmchen aus dem Glas zuvor kalt abbrausen, gut abtropfen lassen und nur kurz erhitzen. **Tipp** Wenn Sie getrocknete Herbsttrompeten verwenden, werden diese in 1/4 l lauwarmem Wasser 30 Min. eingeweicht. Die Pilze gut ausdrücken, in dem Einweichwasser einige Min. garen, abgießen und grob schneiden.

Grüner Spargel-Möhren-Salat mit Champignons

Für den Salat 4 EL Sesam ◆ 500 g grüner Spargel ◆ 4 dünne Möhren ◆ Salz ◆ Pfeffer ◆ Muskat ◆ 400 g kleine Champignons ◆ 2 EL Butter ◆ 2 EL Zitronensaft ◆ 4 EL Weißwein
Für das Dressing 2 EL Orangensaft ◆ 2 EL Zitronensaft ◆ 1 TL scharfer Senf ◆ 1 TL Honig ◆ 4 EL Rapsöl ◆ Etwas frischer Kerbel

1 Für das Salat den Sesam in einer fettfreien Pfanne leicht rösten und beiseite legen. Den Spargel am unteren Drittel schälen, holzige Enden wegschneiden. Spargelköpfe abschneiden. Restliche Stangen schräg in 1 cm große Stücke schneiden. **2** Möhren schälen und ebenfalls schräg in 1 cm große Stücke schneiden. Möhren in Salzwasser 10 Min. garen und abgießen. Spargelstücke in Salzwasser 8 Min. garen. Nach 3 Min. die Köpfe hinzufügen. Spargel abgießen und mit den Möhren mischen. Mit Salz, Pfeffer und Muskat würzen. **3** Champignons putzen und in heißer Butter mit Zitronensaft und Weißwein 5 Min. garen. Pilze mit dem Gemüse mischen, Schmorfond fast vollständig einkochen und übers Gemüse gießen. **4** Für das Dressing die Zitrussäfte mit Senf, Honig und Rapsöl cremig rühren. Mit Salz und Pfeffer würzen. Über das Gemüse gießen, mit Sesam und Kerbelblättchen bestreuen.
Tipp Der grüne Spargel kann durch grüne Buschbohnen ersetzt werden.

Brunnenkresse-Erbsen-Salat mit Shiitate-Pilzen und Sprossen

4 EL Sonnenblumenkerne ◆ 2 Bund Brunnenkresse (ca. 200 g) ◆ 250 g tiefgefrorene Erbsen ◆ Salz ◆ 300 g frische Shiitake-Pilze ◆ 2 Knoblauchzehen ◆ 4 EL Sonnenblumenöl 1 ◆ TL Sesamöl ◆ 1 EL Sojasauce ◆ 3 EL Zitronensaft ◆ 3 EL Orangensaft ◆ Pfeffer ◆ Zucker ◆ 1 kleines Stück frischer Ingwer ◆ 50 g Mungbohnensprossen ◆ 1 Bio-Zitrone

1 Die Sonnenblumenkerne in einer fettfreien Pfanne leicht rösten. Die Brunnenkresse waschen und die Blätter auf 4 Tellern verteilen. Die Erbsen in wenig Salzwasser 5 bis 6 Min. garen und abgießen. Abgekühlt über die Brunnenkresse streuen. **2** Pilzen putzen und in nicht zu schmale Streifen schneiden. Knoblauch abziehen und fein hacken. Pilzstreifen und Knoblauch im heißen Öl kräftig anbraten und abgetropft über dem Salat verteilen. **3** Das Sesamöl zum restlichen Bratöl in die Pfanne geben, Sojasauce, Zitrussäfte, Pfeffer, Zucker und etwas geriebenen Ingwer einrühren. **4** Sprossen heiß abspülen und abtropfen lassen. Über dem Salat verteilen und mit lauwarmem Würzöl und Sonnenblumenkernen bestreuen. Zitrone heiß waschen, trockenreiben und mit einem Zestenreißer etwas Schale abziehen und über den Salat streuen. **Tipp** Mungbohnensprossen und andere Sprossen können Sie leicht selber ziehen. Sie sind wohlschmeckend und sehr nährstoffreich. Lassen Sie sich im Reformhaus oder Bioladen beraten.

Frühlingsgemüsesalat mit Spitzmorcheln

Für den Salat 20 g getrocknete Spitzmorcheln ◆ 300 g Spargel ◆ 250 g junge Möhren ◆ 500 g Brokkoli ◆ 1 kleiner Kohlrabi ◆ 200 g Keniabohnen ◆ Salz ◆ Pfeffer ◆ Muskat ◆ 1 Tasse tiefgefrorene Erbsen ◆ 1 Bund Frühlingszwiebeln ◆ 1 Beet Kresse ◆ 1 Bund Schnittlauch ◆ 1 Kopfsalat ◆ Gänseblümchen und Hornveilchen, nach Belieben
Für das Dressing 3 EL Zitronensaft ◆ 2 EL Orangensaft ◆ 4 EL Rapsöl ◆ Zucker

1 Für den Salat die Morcheln in 1/4 l warmem Wasser 30 Min. einweichen. Spargel und Möhren schälen und das Gemüse schräg in 4 cm große Stücke schneiden. Brokkoli ohne Stiele in kleine Röschen teilen. Kohlrabi schälen und in fingerdicke Stifte schneiden. Bohnen putzen und waschen. **2** Das Gemüse nacheinander über Dampf bissfest garen oder das Gemüse außer Spargelköpfen, Brokkoli und Erbsen in Salzwasser mit Pfeffer und Muskat etwa 10 Min. garen und herausnehmen. Brokkoli, Spargelköpfe, Erbsen und abgegossene Morcheln in dem Gemüsekochwasser anschließend 5 Min. garen und abgießen. **3** Das Morcheleinweichwasser durch einen Kaffeefilter gießen und auf etwa 2 EL einkochen. Weißen und hellgrünen Teil der Frühlingszwiebeln fein schneiden. Mit dem eingekochten Pilzfond über das Gemüse gießen und mischen. **4** Kresseblättchen abschneiden. Schnittlauch in 4 cm große Stücke schneiden. Kopfsalat putzen, waschen und trockentupfen. Die ganzen Blätter auf einer Platte verteilen und das Gemüse darüber geben. Blüten ausschütteln. **5** Für das Dressing die Zitrussäfte mit dem Rapsöl cremig rühren. Mit Salz, Pfeffer und etwas Zucker abschmecken. Über das Gemüse gießen und mit den Kräutern und den Blüten bestreuen. **Tipp** Wenn Sie im Frühling frische Spitzmorcheln bekommen, dann sollten Sie unbedingt zugreifen. Für diesen edlen Salat brauchen Sie etwa 200 g frische Morcheln. Diese Pilze gründlich unter kaltem Wasser abbrausen und in wenig Fett einige Min. schmoren. Mit etwas Glück findet der Genießer ab März frische Morcheln in lichten Wäldern.

Fasanenbouillon mit Stockschwämmchen und Eierstich

Für die Bouillon 1 Fasan ◆ 1 EL Butterschmalz ◆ 1 Bund Suppengrün ◆ 2 Lorbeerblätter ◆ 1 TL Wacholderbeeren ◆ 1 TL Pfefferkörner ◆ 4 Stängel Thymian ◆ 6 EL roter Portwein ◆ Salz ◆ Pfeffer ◆ Muskat ◆ Worcestershiresauce
Für die Einlage 250 g frische oder 1 Glas Stockschwämmchen ◆ 1 EL Butter ◆ 1 Ei ◆ 1 Eigelb ◆ 6 EL Milch ◆ 2 EL feinst gehackte Petersilie ◆ Etwas Butter zum Einfetten ◆ 1 kleine Möhre ◆ 2 Stängel Thymian

1 Für die Bouillon den Fasan waschen, trockenreiben und in 4 bis 6 Stücke teilen. Das Butterschmalz in einem Topf erhitzen und den Fasan darin rundherum kräftig anbraten. **2** Suppengrün putzen, fein würfeln und mit den festen Gewürzen und dem Thymian zum Fasan geben. Mit 1 l heißem Wasser auffüllen und 1,5 Stunde sanft köcheln lassen. Die Bouillon abgießen und mit Portwein, Salz, Pfeffer, Muskat und einigen Spritzern Worcestershiresauce abschmecken. **3** Für die Einlage frische Stockschwämmchen putzen. Glasware abgießen und mit kaltem Wasser abspülen. Stockschwämmchen in heißer Butter kurz erhitzen. **4** Für den Eierstich das Ei mit Eigelb, Milch, Petersilie, Salz, Pfeffer und Muskat verrühren. Eine flache Form einfetten, Eiermilch einfüllen und im Wasserbad in 20 bis 30 Min. stocken lassen. Eierstich stürzen und in Rauten oder Würfel schneiden. **5** Die Möhre schälen und in feinste Streifen (Julienne) schneiden. In etwas Salzwasser oder Bouillon bissfest garen. Die Fasanenbouillon noch einmal erhitzen und mit Stockschwämmchen, Eierstich, Möhren und Thymianblättchen in vorgewärmten Tellern anrichten. **Tipp** Die Fasanenbrust kann zuvor vom Knochen geschnitten werden. Das zarte Brustfleisch für ein anderes Gericht oder fein gewürfelt in etwas Butter braten und als Einlage für die festliche Bouiilon verwenden.

Kartoffelsuppe mit gerösteten Waldpilzen

650 g mehlig kochende Kartoffeln ◆ 1 Bund Suppengrün ◆ 1 l Gemüse- oder Geflügelbrühe ◆ 2 Lorbeerblätter ◆ 1 Döschen Safran ◆ 100 g Sahne ◆ Salz ◆ Pfeffer ◆ Muskat ◆ 1 TL frischer Majoran ◆ 2 Schalotten ◆ 3 EL Butter ◆ 300 g gemischte Waldpilze ◆ 4 EL gehackte Petersilie

1 Die Kartoffeln schälen, das Suppengrün putzen. Beides grob würfeln und in der Brühe mit den Lorbeerblättern und dem Safran 30 Min. im geschlossenen Topf kochen. **2** Lorberblätter einfernen und das Gemüse in der Brühe pürieren. Die Sahne halb steif schlagen und kühl stellen. Die pürierte Suppe mit Salz, Pfeffer, Muskat und Majoran abschmecken. **3** Schalotten abziehen und fein würfeln. In 2 EL Butter weich schmoren. Pilze putzen und in Scheiben schneiden. In der heißen Butter mit den Zwiebeln 4 bis 5 Min garen. Die restliche Butter und die Petersilie einrühren. **4** Die Suppe noch einmal erhitzen und auf Tellern verteilen. Die geschlagene Sahne mit 2, 3 schnellen Umdrehungen einrühren und die gebratenen Pilze in die Mitte setzen. **Tipp** Besonders Kräuterseitlinge, Austernpilze, Braunkappen, Maronen, Steinpilze und Pfifferlinge sind für diese wohlschmeckende Kartoffelsuppe geeignet.

Halloweensuppe mit Herbsttrompeten

500 g Hühnerklein ◆ 1 Bund Suppengrün ◆ Salz ◆ 50 g Kürbiskerne ◆ 3 EL getrocknete Herbsttrompeten ◆ 1 kg Hokkaidokürbis ◆ 200 g Sahne ◆ Cayennepfeffer ◆ Zucker ◆ Etwas abgeriebene Zitronenschale ◆ Muskat ◆ Frischer Ingwer ◆ 4 EL Kürbiskernöl ◆ 1 grüne Chilischote

1 Das Hühnerklein mit 3/4 l Wasser und dem geputzten Suppengrün 1 Std. sanft kochen lassen. Am besten über Nacht ziehen lassen. Die Brühe durch ein Sieb gießen und salzen. Kürbiskerne in einer fettfreien Pfanne leicht rösten und beiseite legen. **2** Herbsttrompeten in 1/4 l warmen Wasser 30 Min. einweichen. Den Kürbis vierteln, Fasern, weiche Teile und die Schale entfernen. Kürbis grob würfeln und in der Brühe in etwa 20 Min. weich kochen. **3** Den Kürbis in der Brühe pürieren. Die Sahne angießen und alles mit Salz, Cayennepfeffer, Zucker, etwas abgeriebener Zitronenschale, Muskat und etwas frisch geriebenem Ingwer abschmecken. **4** Die Kürbiskerne mit etwas Öl mischen. Die abgetropften Pilze in dem restlichen Öl kurz braten und salzen. Die Chilischote mit oder ohne scharfe Kerne sehr fein würfeln. Die Suppe in Tellern oder in Tassen anrichten. Pilze, Kürbiskerne und Chiliwürfel darüber streuen. **Tipp** Auf die gleiche Weise können Sie auch eine Möhrensuppe zubereiten.

Champignonsuppe mit Krabben

400 g braune Champignons ◆ 2 Schalotten ◆ 2 Knoblauchzehen ◆ 5 EL Butter ◆ 1 EL Mehl ◆ 1/8 l Weißwein ◆ 1/2 l Geflügel- oder Gemüsebrühe ◆ 2 Lorbeerblätter ◆ 4 Thymianstängel ◆ 250 g Sahne ◆ 2 Eigelb ◆ Salz ◆ Pfeffer ◆ Muskat ◆ Etwas Zitronensaft ◆ 200 g Nordseekrabbenfleisch oder Krebsschwänze, gekocht ◆ 4 Dillstängel

1 Champignons putzen. 4 Pilzköpfe beiseite legen, die restliche Pilze grob hacken. Schalotten und Knoblauch abziehen und fein würfeln. **2** Etwa 4 EL Butter in einem großen Topf erhitzen und Schalotten, Knoblauch und gehackte Pilze darin kräftig kurz anbraten. Das Mehl einstreuen und kurz mitrösten.Mit Weißwein ablöschen. **3** Brühe angießen, Lorbeer und Thymian hinzufügen und offen leise 20 Min. köcheln lassen. Feste Gewürze entfernen. Die Suppe mit dem Pürierstab pürieren. **4** Etwa 75 g Sahne steif schlagen, den Rest mit den Eigelben mischen und in die heiße, nicht mehr kochende Suppe einrühren. Mit Salz, Pfeffer, Muskat und Zitronensaft abschmecken. **5** Die restlichen Pilze in dünne Scheiben schneiden und in der restlichen Butter rasch anbraten, mit Salz und Pfeffer würzen. Die Krabben oder Krebsschwänze in der Suppe kurz erhitzen und auf Tassen oder Teller verteilen. Jeweils einen Klecks Sahne und die gebratenen Pilze in die Mitte setzen. Zum Schluss mit Dillspitzen bestreuen. **Tipp** Für diese Suppen kann auch eine beliebige Pilzmischung verwendet werden. die Krabben können durch Krebsfleisch oder Garnelen ersetzt werden. Krabben, Krebsfleisch und Garnelen dürfen nie lange gekocht werden, sonst werden sie hart.

Eingelegte Champignons

500 g weiße Champignons ◆ 200 g rote Zwiebeln ◆ 4 Knoblauchzehen ◆ 100 ml Olivenöl ◆ 4 Lorbeerblätter ◆ 4 Thymianstängel ◆ 1 TL schwarze Pfefferkörner ◆ 5 Pimentkörner ◆ 1 Bio-Zitrone ◆ 1 Bio-Orange ◆ Salz ◆ Pfeffer ◆ Zucker ◆ 4 grob gehackte Blattpetersilie

1 Champignons putzen und die Köpfe je nach Größe ganz lassen, halbieren oder vierteln. Zwiebeln und Knoblauch abziehen und beides in dünne Spalten schneiden. **2** Das Öl mit 4 EL Wasser, Lorbeerblättern, Thymianstängeln, Gewürzkörnern, Zwiebeln und Knoblauch in einer Pfanne zum Kochen bringen. Beide Zitrusfrüchte heiß waschen, trockenreiben und jeweils 1 Schalenstreifen von beiden Früchten mit einem Sparschäler abziehen. Beide Früchte auspressen. **3** Zitrusschalenstreifen und Saft zum Öl geben und alles 3 Min. sprudelnd kochen lassen. Die Pilze hinzufügen und weitere 3 bis 4 Min. garen. Die Zitrusschalenstreifen entfernen. Über Nacht durchziehen lassen. **4** Am nächsten Tag die Pilze nach Belieben herausnehmen, das Öl durch ein Sieb gießen und wieder mit den Pilzen mischen. Die marinierten Pilze mit Salz, Pfeffer und etwas Zucker abschmecken und mit der Petersilie verfeinern. **Tipp** Servieren Sie dazu lauwarmes Baguette oder Ciabatta mit Kräuter- oder Tomatenbutter aus 125 g weicher Butter mit 5 EL gehackten Kräutern oder 2 EL Tomatenmark, mit Salz und Pfeffer gewürzt.

4 große Bella Gomba oder Riesenchampignons ◆ 1 Zwiebel ◆ 1 Knoblauchzehe ◆ 50 g Butter ◆ 200 g Tatar ◆ 1 Eigelb ◆ 1 EL frische Thymianblättchen ◆ Salz ◆ Pfeffer ◆ 4 Kirschtomaten ◆ 4 EL geriebener Emmentaler ◆ 200 g Sahne ◆ 1/2 TL Pilzpulver ◆ 1 Eisbergsalat

1 Die Pilze putzen, Stiele herausdrehen und sehr fein würfeln. Lamellen entfernen. Die Pilzköpfe innen mit einem Teelöffel etwas vergrößern. Herausgelöste Pilzmasse ebenfalls fein hacken. Zwiebeln und Knoblauch abziehen und fein würfeln. **2** Die Butter verflüssigen. Die Pilzköpfe damit von außen bestreichen und in eine Auflaufform setzen. Gut die Hälfte der Butter in einer weiten Pfanne erhitzen und Zwiebeln und Knoblauch darin mit den zerkleinerten Pilzabschnitten rasch anbraten. Zum Abkühlen beiseite bestellen. Pilzflüssigkeit abgießen und auffangen. **3** Tatar mit Eigelb, Thymian und der abgekühlten Pilzmasse mischen. Mit Salz und Pfeffer würzen. Stielansätze der Tomaten wegschneiden. Die Pilz-Tatar-Mischung in die Pilzköpfe füllen und mit geriebenem Käse bestreuen. Jeweils 1 Tomate in die Mitte drücken und mit der restlichen Butter beträufeln. **4** Den Backofen auf 200 °C (Umluft 180 °C) vorheizen. Die aufgefangene Pilzflüssigkeit mit der Sahne mischen, mit Pilzpulver, Salz und Pfeffer würzen. Um die Pilzköpfe gießen und im Backofen 20 bis 25 Min. garen. **5** Jeweils mehrere halbrunde Eisbergsalatblätter auf Tellern anrichten und jeweils einen gefüllten Pilzkopf hineinsetzen. Mit etwas Sahnesauce beträufeln und mit knusprigen Brotstangen servieren. **Tipp** Bella Gomba sind sehr große Wiesenchampignons. Auch bei Zuchtchampignons gibt es so genannte Riesenchampignons. Sie können aber auch normale, nicht zu kleine Champignonköpfe auf die gleiche Art zubereiten und als Fingerfood servieren.

Waldpilzbrot mit Walnüssen und Speck

300 g Bacon ◆ 1 EL Rosmarinnadeln ◆ 30 g getrocknete Waldpilzmischung ◆ 125 g Walnusskerne ◆ 350 g Mehl Type 550 ◆ 150 g Weizenvollkornschrot (Reformhaus, Bioladen) ◆ 1 Würfel Hefe ◆ 1 TL Zucker ◆ 125 ml lauwarme Buttermilch ◆ 1 TL Salz ◆ 1 EL Obstessig ◆ 6 EL Öl ◆ Butter für Form ◆ 1 Eiweiß

1 Bacon in einer Pfanne langsam knusprig braten und auf Küchenpapier entfetten, dann grob zerbröseln. Rosmarinnadeln grob hacken und mit dem Bacon mischen. Walnüsse in einer fettfreien Pfanne rösten. Die Pilze in 1/4 l warmem Wasser 30 Min. einweichen. **2** Beide Mehlsorten in einer Schüssel mischen. Mit einem Löffel eine Mulde drücken und die Hefe hineinbröckeln. Zucker darüber streuen und mit etwas Buttermilch glatt rühren. Zugedeckt 10 Min. beiseite stellen. **3** Pilze abgießen und Flüssigkeit auffangen. Pilze gut ausdrücken und nicht zu fein hacken. Die gegangene Hefe mit etwas Mehl bestreuen. Lauwarmes Einweichwasser, Salz, Essig und Öl untermischen. **4** Nur so viel lauwarme Buttermilch zum Teig geben, dass ein glatter, weicher Teig entsteht. Den Teig kräftig kneten und zugedeckt 30 Min. ruhen lassen. Bacon, grob gehackte Walnüsse und Pilze untermischen. **5** Den Backofen auf 200 °C (Heißluft 180 °C) vorheizen. Eine Form einfetten. Teig einfüllen und zugedeckt noch einmal 30 Min. gehen lassen. Eiweiß mit einigen Tropfen Wasser verrühren und die Teigoberfläche damit bestreichen. **6** Das Brot im Backofen 45 bis 55 Min. backen. 10 Min. in der Form ruhen lassen, dann auf einem Kuchengitter vollständig auskühlen lassen. **Tipp** Im Fachhandel finden Sie spezielle Brotbackformen. Sie können das Brot aber auch in einer herkömmlichen Kastenform backen.

Pilzspiralen

25 g getrocknete Steinpilze ◆ 125 g Haselnüsse ◆ 500 g Mehl (Type 550) ◆ 1 Würfel Hefe ◆ 1 TL Zucker ◆ 1 TL Salz ◆ 4 EL Haselnussöl ◆ 2 TL frische Thymianblättchen ◆ 1 Eigelb ◆ Etwas grobes Salz zum Bestreuen

1 Die Steinpilze in 1/2 l warmem Wasser mindestens 30 Min. einweichen. Die Haselnüsse in einer fettfreien Pfanne rösten und die dunkle Haut durch Rubbeln in einem Küchentuch so weit es geht entfernen. Die Nüsse anschließend fein hacken oder grob mahlen. **2** Das Mehl in eine Schüssel sieben und mit einem Löffel in die Mitte eine Mulde drücken. Die Hefe in die Mulde bröckeln und mit Zucker bestreuen. Pilze abgießen und das Einweichwasser durch eine Kaffeefiltertüte gießen. Mit warmem Wasser auf 1/4 l auffüllen. **3** Die Hefe mit ein wenig Mehl vom Rand und etwas lauwarmem Einweichwasser glatt rühren, zugedeckt 10 Min. gehen lassen. Die Pilze gut ausdrücken und mittelfein hacken. **4** Die Hefe mit etwas Mehl bestäuben, Salz, Haselnussöl, Thymianblättchen und restliches lauwarmes Einweichwasser hinzufügen und den Teig etwa 10 Min. kneten, bis er nicht klebt und glänzt. Pilze und Nüsse kurz einarbeiten und den Teig in 12 gleich große Stücke teilen. Den Teig zugedeckt 15 Min. ruhen lassen. **5** Ein Backblech mit Backpapier auslegen. Den Teig zu einem Rechteck von etwa 18 mal 12 cm ausrollen und in 1,5 cm breite Streifen schneiden. Jeden Streifen zu einer Spirale drehen und zugedeckt auf dem Backblech 15 Min. gehen lassen. **6** Den Backofen auf 190 °C (Heißluft 170 °C) vorheizen. Eigelb mit einigen Tropfen Wasser verrühren und die Spiralen damit bestreichen. Mit etwas grobem Salz bestreuen und im Backofen 20 bis 25 Min. goldgelb backen. **Tipp** Dazu schmeckt eine Tomatenbutter; 125 g weiche Butter mit 3 EL Tomatenmark, Salz, Cayennepfeffer, wenig abgeriebener Orangenschale und etwas gehacktem Thymian glatt rühren und kühl stellen.

Käse-Muffins mit Pilzbutter

Für die Muffins 250 g Mehl ◆ 2 TL Backpulver ◆ 100 g geriebener Parmesan ◆ 100 g weiche Butter ◆ 2 Eier ◆ 150 g saure Sahne ◆ 125 ml Buttermilch ◆ 100 g Kochschinkenwürfel ◆ Salz ◆ Pfeffer ◆ Butter oder Papierförmchen fürs Muffinblech
Für die Pilzbutter 5 g getrocknete Steinpilze ◆ 1 Knoblauchzehe ◆ 125 g weiche Butter ◆ Etwas abgeriebene Zitronenschale ◆ 1 TL frische Thymianblättchen ◆ Cayennepfeffer

1 Für die Muffins das Mehl mit dem Backpulver mischen. Parmesan und Butter grob untermischen. 1 Ei trennen. Eigelb und Ei mit saurer Sahne, Buttermilch, Schinkenwürfeln, Salz und Pfeffer dazugeben und alles miteinander verrühren. **2** Den Backofen auf 190 °C (Heißluft 170 °C) vorheizen. Ein Muffinblech mit 12 Vertiefungen einfetten oder mit Papierförmchen auskleiden. Den Teig einfüllen. Das restliche Eiweiß mit etwas Wasser verrühren und die Teigoberfläche damit bestreichen. Die Muffins im Backofen 25 bis 30 Min. backen. **3** Für die Pilzbutter die getrockneten Steinpilze in lauwarmem Wasser einweichen. Die Knoblauchzehe schälen und eine Schüssel damit ausreiben. Die Butter darin schaumig rühren. **4** Pilze abgießen und gut ausdrücken. Anschließend fein hacken. Pilze mit etwas abgeriebener Zitronenschale und Thymian mit der Butter mischen. Mit Salz und Cayennepfeffer abschmecken. Die gekühlte Pilzbutter zu den lauwarmen Käsemuffins servieren. **Tipp** Der Muffinteig kann auch mit gefiltertem Pilzeinweichwasser statt mit Buttermilch zubereitet werden.

Fleischlos glücklich:

VEGETARISCHE PILZGERICHTE

Kartoffelrosetten mit Pfifferlingen und karamellisierten Zwiebeln

Für die Rosetten 1 kg mehlig kochende Kartoffeln ◆ Salz ◆ 2 Thymianstängel ◆ 1 Knoblauchzehe ◆ 1/4 l Milch ◆ Pfeffer ◆ Muskat ◆ 50 g Butter
Für die Beilagen 350 g Pfifferlinge ◆ 6 EL Butter ◆ 300 g tiefgefrorene grüne Bohnen ◆ 4 EL gehackte Petersilie ◆ 500 g kleine Zwiebeln oder Schalotten ◆ 2 EL Zucker ◆ 1/8 l Weißwein ◆ 1/8 l Gemüsebrühe ◆ 1 Lorbeerblatt ◆ 1 Gewürznelke

1 Für das Püree die Kartoffeln schälen, würfeln und in wenig Salzwasser mit dem Thymian und der geschälten Knoblauchzehe garen und abgießen. Das Kochwasser dabei auffangen. Thymian und nach Geschmack auch den Knoblauch entfernen. **2** Milch zum Kochen bringen, zu den Kartoffeln gießen und zu einem festen Brei zerstampfen. Bei Bedarf etwas Kochwasser dazugeben. Das Püree mit Salz, Pfeffer, Muskat und 30 g Butter abschmecken. **3** Das Püree in einen Spritzbeutel mit Sterntülle geben und auf ein eingefettetes Backblech apfelgroße Rosetten spritzen. Die restliche Butter verflüssigen und die Rosettem damit beträufeln. Unter dem heißen Backofengrill kurz überbräunen. **4** Die Pilze putzen und je nach Größe ganz lassen oder klein schneiden. 3 EL Butter in einer Pfanne erhitzen und die Pilze darin rasch 3 bis 4 Min. braten, salzen. Die Bohnen in wenig Salzwasser 8 Min. garen, abgießen und mit Pilzen, Salz, Pfeffer und Petersilie mischen. **5** Die Zwiebeln abziehen. Restliche Butter in einem Topf erhitzen, Zwiebeln und Zucker dazugeben und goldgelb rösten. Mit Wein und Brühe ablöschen, Lorbeerblatt und Nelke dazugeben. **6** Die Zwiebeln in etwa 15 Min. garen. Mit Salz und Pfeffer abschmecken. Mit Kartoffelrosetten und Pilzgemüse anrichten.

Kartoffelauflauf mit Pioppino und Löwenzahnsalat

Für den Auflauf 200 g Zwiebeln ◆ 5 EL Butter ◆ 1 kg fest kochende Kartoffeln ◆ Salz ◆ Pfeffer ◆ Muskat ◆ 150 g Knoblauch-Crème fraîche ◆ 200 g Sahne ◆ 300 g Pioppino-Pilze ◆ 1 Stange Lauch ◆ 150 g geriebener Emmentaler

Für den Salat 1 Staude Löwenzahn ◆ 1 Radicchio ◆ 1 Chicoree ◆ 1 TL Honig ◆ 4 EL Zitronensaft ◆ 6 EL Olivenöl ◆ 4 Scheiben altbackenes italienisches Weißbrot ◆ 4 EL Butter ◆ 1 Knoblauchzehe

1 Für den Auflauf Zwiebeln schälen und in dünne Scheiben hobeln. In wenig heißer Butter kurz anschwitzen. Eine weite Auflaufform mit etwas Butter einfetten. Kartoffeln schälen und in dünne Scheiben hobeln. **2** Kartoffeln und Zwiebeln abwechselnd in die Form schichten. Jede Schicht mit Salz, Pfeffer und Muskat bestreuen. Crème fraîche und Sahne verrühren und mit Salz, Pfeffer und Muskat würzen. **3** Den Backofen auf 200 °C (Heißluft 180 °C) vorheizen. Pilze und Lauch putzen. Lauch in dünne Scheiben schneiden und gründlich waschen. Pilze, Lauch und Käse über die Kartoffeln geben und mit der Sahnemischung begießen. **4** Restliche Butter in Flöckchen darauf setzen. Den Auflauf im Backofen auf der mittleren Schiene 40 bis 45 Min. backen. **5** Für den Salat alle 3 Salate putzen, in mundgerechte Stücke schneiden, bei Bearf waschen und gut abtropfen lassen. Die Salate in einer Schüssel mischen. **6** Für das Dressing Honig, Zitronensaft und Olivenöl cremig rühren, mit Salz und Pfeffer abschmecken. Das Brot klein würfeln und in heißer Butter goldgelb rösten. **7** Knoblauch abziehen und durch die Presse über die Brotwürfel drücken. Dressing und Croûtons mit dem Salat mischen.

Gemüseeintopf mit asiatischen Pilzen

2 EL Mu-Err-Pilze ◆ 200 g Möhren ◆ 500 g Spargel ◆ 1 rote Paprikaschote ◆
1 Bund Frühlingszwiebeln ◆ 200 g grüne Bohnen ◆ 200 g Brokkoliröschen ◆
1 Tasse tiefgefrorene Erbsen ◆ 2 Stück von 1 Bio-Zitrone, Limette oder 2 Kaffirblätter ◆
1 Walnuss großes Stück frischer Ingwer ◆ 200 g frische Shiitake-Pilze ◆ 250 g Kräuterseitlinge ◆
100 g Mungbohnensprossen ◆ Salz ◆ Cayennepfeffer ◆ Sojasauce ◆
1 Tasse gekochter Wildreis oder Basmatireis ◆ frische Koriander- oder Petersilienblätter

1 Die getrockneten Mu-Err-Pilze in 1/4 l warmem Wasser 30 Min. einweichen. Möhren und Spargel schälen und schräg in mundgerechte Stücke schneiden. Paprika und Zwiebeln putzen und in feine Streifen schneiden. Bohnen putzen und halbieren, Brokkoli in kleine Röschen teilen. **2** Die Erbsen antauen lassen. 1 l Salzwasser zum Kochen bringen. Zuerst Möhren und Bohnen darin 10 Min. garen. Restliches Gemüse, Zitronen- oder Limettenschale oder die Kaffirblätter und das Stück geschälten Ingwer dazugeben. Weitere 5 Min. kochen. **3** Alle Pilze putzen und in dicke Streifen schneiden. Mu-Err-Pilze abgießen und das Einweichwasser auffangen. Pilze ebenfalls klein schneiden. Sprossen abspülen. Pilze und Sprossen mit dem Pilzeinweichwasser zum Gemüse geben und 10 Min. garen. **4** Den Eintopf mit Salz, Cayennepfeffer und Sojasauce abschmecken. Den Reis in dem Eintopf erhitzen und mit Koriandergrün oder gehackter Petersilie bestreuen. **Tipp** Kaffir- oder Limonenblätter bekommen Sie frisch oder tiefgefroren im Asienladen. Sie schmecken herrlich nach Zitrone ohne sauer zu sein.

Pilzterrine mit Tomatenvinaigrette

Für die Terrine 650 g gemischte Pilze (Braunkappen, Limonenpilze, Stockschwämmchen, Champignons, Steinpilze, Kräuterseitlinge) ◆ 2 Zwiebeln ◆ 4 EL Butter ◆ 250 g Crème double ◆ 3 Eier ◆ 2 Eigelb ◆ 4 EL grob gehackte Petesilie ◆ 4 EL gehackte Pistazien ◆ Salz ◆ Pfeffer ◆ Butter für die Form

Für die Vinaigrette 2 EL frische Rosmarinnadeln ◆ 5 EL Olivenöl ◆ 250 g Tomaten ◆ 2 Knoblauchzehen ◆ 1 Tasse gemischte, gehackte Kräuter oder 1 Packung tiefgefrorene Kräutermischung ◆ 3 EL Zitronensaft ◆ Zucker

1 Für die Terrine die Pilze putzen und würfeln. Etwa 100 g Ihrer Lieblingspilze in gleich große Würfel schneiden und beiseite legen. Zwiebeln abziehen und klein schneiden. Zwiebeln in 3 EL Butter weich schmoren. Pilze dazugeben und so lange bei großer Hitze schmoren, bis die Flüssigkeit fast verdampft ist. **2** Die geschmorten Pilze mit der Crème double mischen und grob pürieren. Zurückgelegte Pilzwürfel in der restlichen Butter einige Min. schmoren und zur Pilzmasse geben. Eier, Eigelbe, Petersilie, Pistazien, Salz und Pfeffer einrühren. **3** Eine Rehrück- oder Kastenform einfetten und die Pilzmasse einfüllen. Die Form mit Alufolie abdecken. Auf den Boden der Saftpfanne des Backofens heißes Wasser gießen, die Form hineinsetzen und im vorgeheizten Backofen bei 160 °C (Heißluft 140 °C) 60 Min. garen. 10 Min. außerhalb des Ofens ruhen lassen. **4** Für die Vinaigrette die Rosmarinnadeln in etwas Öl knusprig braten. Tomaten häuten und entkernen. Den dabei anfallenden Saft auffangen. Die Hälfte der Tomaten sehr fein hacken, die andere Hälfte würfeln. Knoblauch abziehen und durch die Presse zu den Tomaten und der Tomatenflüssigkeit drücken. **5** Die Tomatenzubereitung mit dem restlichen Öl, gebratenen Rosmarinnadeln, Kräutern, Zitronensaft, Salz, Pfeffer und etwas Zucker verrühren. Die warme Terrine stürzen, etwas abkühlen lassen, in Scheiben schneiden und mit der Vinaigrette anrichten. **Tipp** Dazu schmeckt frisches italienisches Landbrot.

Rote-Bete-Risotto mit Limonenpilzen

2 rote Zwiebeln ◆ 1 Knoblauchzehe ◆ 100 g Butter ◆ 400 g Risottoreis ◆ 1/4 l Roséwein ◆ 1/4 l Rote Bete-Saft ◆ 3/4 l Gemüsebrühe ◆ 2 Lorbeerblätter ◆ Etwas abgeriebene Zitronenschale ◆ 300 g gekochte rote Bete ◆ Salz ◆ Pfeffer ◆ 50 g geriebener Parmesan ◆ 350 g Limonenpilze ◆ 1 EL Zitronensaft ◆ 1 Bund Schnittlauch

1 Zwiebeln und Knoblauch abziehen und fein hacken. Etwas Butter erhitzen und Zwiebeln und Knoblauch darin weich schmoren. Reis einrühren und einige Min. leicht anrösten. Mit der Hälfte des Weins ablöschen. **2** Restlichen Wein mit Saft, Brühe, Lorbeer und etwas Zitronenschale zum Kochen bringen. Die roten Beten fein würfeln. **3** Immer nur eine Schöpfkelle heiße Flüssigkeit zum Reis geben und so lange rühren, bis der Reis die Flüssigkeit aufgezogen hat. Vor der letzten Schöpfkelle die Rote Bete-Würfel zum Reis geben. **4** Das Risotto ist richtig, wenn es nach 20 bis 30 Min. cremig ist und die Körner noch einen leichten Biss haben. Anschließend mit Salz, Pfeffer, geriebenem Parmesan und der Hälfte der restlichen Butter verrühren. Zugedeckt 5 Min. ruhen lassen. **5** Die Pilze putzen, in breite Streifen schneiden und in der restlichen Butter einige Min. sanft braten. Mit Salz, Pfeffer und Zitronensaft würzen. Schnittlauch in Röllchen schneiden. Die Pilze auf dem Risotto anrichten und mit Schnittlauchröllchen bestreuen. **Tipp** Frische rote Bete können Sie ungeschält in etwa 50 Min. weich kochen, schälen und weiterverarbeiten. Im Supermarkt finden Sie bereits gekochte und geschälte rote Bete vakuumverpackt.

Spaghetti mit Herbstrompeten

500 g Spaghetti ◆ Salz ◆ 5 Thymianstängel ◆ 3/4 Tasse getrocknete Herbsttrompeten ◆ 250 g rote Zwiebeln ◆ 1 Knoblauchzehe ◆ 250 g Kirschtomaten ◆ 2 EL Butter ◆ 1/8 l Pilz- oder Gemüsebrühe ◆ 6 EL Olivenöl ◆ Cayennepfeffer ◆ Etwas abgeriebene Zitronenschale ◆ 100 g geriebener Parmesan

1 Die Spaghetti in reichlich Salzwasser mit 3 Thymianstängeln bissfest garen und abgießen. Die Herbsttrompeten in etwa 1/2 l warmem Wasser 30 Min. einweichen. **2** Zwiebeln und Knoblauch abziehen. Zwiebeln in schmale Spalten schneiden. Knoblauch hacken. Kirschtomaten waschen und Stielansätze wegschneiden. Zwiebeln und Knoblauch in der heißen Butter weich schmoren. Tomaten kurz mitbraten. **3** Pilze abgießen, das Einweichwasser auffangen und die Pilze sehr grob hacken. Brühe und Einweichwasser mit den Pilzen mischen und die Flüssigkeit um etwa 1/4 einkochen. **4** Zwiebel-Tomaten-Mischung sowie Öl, Salz, Cayennepfeffer, die restlichen Thymianblättchen und etwas Zitronenschale mit den Pilzen mischen. Heiß über die frisch gekochten Spaghetti gießen und den Parmesan getrennt dazu reichen. **Tipp** Wenn Sie frische Herbsttrompeten verwenden, brauchen Sie ungefähr 250 g von diesen aromatischen Pilzen für die Pastasauce.

Lasagne mit Champignons

1 Dose Pizzatomaten ◆ 2 EL Tomatenmark ◆ 2 EL Tomatenketschup ◆
1 TL getrockneter Thymian ◆ Salz ◆ Pfeffer ◆ Cayennepfeffer ◆ 500 g braune Champignons ◆
2 Zwiebeln ◆ 2 Knoblauchzehen ◆ 75 g Butter ◆ 100 ml Weißwein oder Brühe ◆
Etwas abgeriebene Zitronenschale ◆ 1 Bund glatte Petersilie ◆ 1 Packung Béchamelsauce
(Fertigprodukt) ◆ Muskat ◆ 250 g geriebener Pecorino oder Parmesan ◆ ca. 200 g Lasagneblätter

1 Die Pizzatomaten in einem Topf zum Kochen bringen. Tomatenmark, Tomatenketschup und Thymian einrühren. Mit Salz, Pfeffer und Cayennepfeffer abschmecken. **2** Champignons putzen und blättrig schneiden. Zwiebeln und Knoblauch abziehen und fein würfeln. In der Hälfte der Butter weich schmoren. Pilze dazugeben und unter Rühren 3 Min. schmoren. **3** Mit Weißwein oder Brühe ablöschen. Mit Salz, Pfeffer und etwas abgeriebener Zitronenschale würzen. Petersilienblätter grob hacken. Béchamelsauce und Petersilie mit den Pilzen mischen. Mit Muskat abschmecken. **4** Eine weite Auflaufform mit etwas Butter einfetten. Die Form in folgender Reihefolge füllen: Die Hälfte der Tomatensauce, Lasagneblätter, Pilze, Käse, Lasagneblätter, Pilze, Käse, Lasagneblätter, Tomatensauce, restlicher Käse. **5** Die restliche Butter in Flöckchen darauf setzen. Im vorgeheizten Backofen bei 200 °C (Heißluft 180 °C) auf der zweiten Schiene von unten 40 bis 50 Min. backen.

Bunte Tortelloni mit Igelstachelbart

500 g bunte Tortelloni ◆ Salz ◆ 1 rote Chilischote ◆ 40 g Butter ◆ 3 Schalotten ◆ 2 Knoblauchzehen ◆ 2 EL Butterschmalz ◆ 1/4 l Fisch- oder Garnelenbrühe (Glas oder Paste) ◆ 1 Lorbeerblatt ◆ 1 Bund Frühlingszwiebeln ◆ 10 rohe Riesengarnelen ohne Kopf ◆ 350 g Igelstachelbart ◆ 200 g Sahne ◆ Salz ◆ Pfeffer ◆ Etwas Zitronensaft ◆ 2 EL Pernod ◆ 4 Dillstängel

1 Die Tortelloni in reichlich Salzwasser mit der aufgeschlitzten Chilischote nach Packungsaufschrift garen. Chili entfernen, Tortelloni abgießen und mit der Hälfte der Butter mischen. **2** Für die Sauce Schalotten und Knoblauch abziehen und fein würfeln. Im heißen Butterschmalz leicht bräunen. Fisch- oder Garnelenbrühe und das Lorbeerblatt dazugeben und offen 5 Min. sprudelnd einkochen. Den Fond durch ein feines Sieb gießen. **3** Den hellen Teil der Frühlingszwiebeln putzen und fein schneiden. Die Garnelen aus dem Panzer brechen, entdarmen und längs halbieren. Die Panzer abspülen und trockentupfen. **4** Die restliche Butter erhitzen und die Garnelenpanzer darin unter Rühren 5 Min. rösten. Die Panzer entfernen und die Frühlingszwiebeln darin 2 Min. braten. Die Garnelen hinzufügen und 1 Min. schmoren. **5** Igelstachelbart putzen, grob würfeln, zu den Garnelen geben und weitere 3 Min. schmoren. Den Fond angießen und mit der Hälfte der Sahne einmal aufkochen. **6** Die Sauce mit Salz, Pfeffer und Zitronensaft abschmecken. Die restliche Sahne fast ganz steif schlagen und unter die Sauce rühren. Mit Pernod abschmecken und mit den Tortelloni mischen. Vor dem Anrichten mit einige Dillspitzen garnieren. **Tipp** Bunte Tortelloni sind nicht überall erhältlich. Selbstverständlich können Sie auch die herkömmliche Ware verwenden.

Walnusstagliatelle mit Steinpilzbutter

Für die Tagliatelle 10 Walnusskerne ◆ 250 g Mehl ◆ 2 EL Hartweizengrieß ◆ 3 Eier ◆ 1 Eigelb ◆ 4 EL Olivenöl ◆ Salz ◆ Mehl zum Bearbeiten
Für die Butter 30 g getrocknete Steinpilze ◆ 150 g Butter ◆ Etwas abgeriebene Orangenschale ◆ Pfeffer ◆ 4 EL gehackte Petersilie ◆ 75 g geriebener Parmesan

1 Für die Tagliatelle die Walnüsse in einer fettfreien Pfanne leicht rösten, abkühlen lassen und fein mahlen. Das Mehl mit Grieß und gemahlenen Walnüssen in einer Schüssel mischen. **2** Eier und Eigelb verrühren und mit 2 EL Öl über das Mehl gießen. Etwa 1/4 TL Salz dazugeben und alles mischen. Den Teig ungefähr 10 Min. kräftig kneten, bis er glänzt und elastisch ist. **3** Den Teig zu einer Kugel formen und in Frischhaltefolie bei Raumtemperatur 60 Min. ruhen lassen. Den Teig portionsweise dünn ausrollen, locker aufrollen und in schmale Nudeln schneiden. Oder die Tagliatelle mit Hilfe einer Nudelmaschine herstellen. **4** Die fertigen Nudeln auf einem Tuch leicht mit Mehl bestäuben und 30 Min. ruhen lassen. Dann in reichlich Salzwasser 2 bis 3 Min. garen. Abgießen und mit dem restlichen Öl mischen. **5** Für die Butter die getrockneten Steinpilze in 1/4 l warmem Wasser 30 Min. einweichen. Die Pilze gut ausdrücken und grob schneiden. **6** Die Butter in einer Pfanne leicht bräunen. Pilze einrühren, 5 Min. garen und mit etwas Orangenschale, Salz, Pfeffer und gehackter Petersilie abschmecken. Die heiße Pilzbutter über die Tagliatelle gießen und mischen. Die geriebenen Parmesan getrennt dazu reichen. **Tipp** Sie können das Pilzeinweichwasser auch zum Kochen der Tagliatelle verwenden.

Brotsalat mit Champignons in Tomatencreme

2 Baguette oder Ciabatta (zusammen 500 g) ◆ 3 Knoblauchzehen ◆ 100 ml Olivenöl ◆ 24 Salbeiblätter ◆ Grobes Meersalz

Für die Creme 500 g Tomaten ◆ 200 g Schalotten ◆ 2 EL Butter ◆ 2 EL Tomatenmark ◆ 2 EL Tomatenketschup ◆ Salz ◆ Cayennepfeffer ◆ Zucker ◆ 500 g braune Champignons ◆ 4 EL gehackte Petersilie

1 Die Brote in 24 Scheiben schneiden. Knoblauch abziehen und sehr fein hacken. Mit etwa 60 ml Öl mischen und die Brote damit bestreichen. Auf jede Brotscheibe 1 Salbeiblatt legen. **2** Die Brotscheiben im vorgeheizten Backofen bei 180 °C (Heißluft 160°C) auf einem Rost in der Mitte des Backofens goldgelb rösten. Die Brote vor dem Anrichten mit grobem Salz bestreuen. **3** Für die Creme die Tomaten vom Stielansatz befreien. Die Früchte kurz in kochendes Wasser tauchen, häuten und entkernen. Die Tomatenfilets würfeln. **4** Die Schalotten abziehen und fein würfeln. In der heißen Butter weich schmoren. Die Tomaten dazugeben und leicht dicklich einkochen. Mit Tomatenmark und Tomatenketschup mischen und mit Salz, Cayennepfeffer und Zucker abschmecken. **5** Die Champignons putzen und vierteln. In dem restlichen Öl unter Rühren 4 bis 5 Min. braten. Mit Salz, Cayennepfeffer und Petersilie würzen. Die Tomatencreme mit den Pilzen mischen und einmal aufkochen. **6** Die gerösteten Brotscheiben dachziegelartig auf eine große Platte legen und die Champignons mit der Sauce in die Mitte häufen. **Tipp** Servieren Sie dazu einen Friseesalat mit einem Dressing aus Balsamessig und Olivenöl sowie vielen Parmesanraspeln und ein paar kleinen Kapern.

Ricottatorte mit Pilzen

Für den Boden 35 g Cräcker ◆ 25 g gemahlene Haselnüsse ◆ 50 g Butter ◆ Butter für die Form
Für die Füllung 3 EL getrocknete Herbstrompeten ◆ 250 g Schalotten ◆ 1 Knoblauchzehe ◆ 4 EL Olivenöl ◆ 250 g Pioppino-Pilze ◆ 1 rote Chilischote ◆ 1 Bund glatte Petersilie ◆ 1 kg Ricotta ◆ 4 Eier ◆ 50 g Pecorino ◆ Salz ◆ Pfeffer ◆ 12 große Salbeiblätter ◆ 6 Kirschtomaten

1 Für den Boden die Cräcker mittelfein zerbröseln und mit den Haselnüssen mischen. Die Butter verflüssigen. Eine Springform gut einfetten und die Bröselmischung darauf verteilen. Die Butter darüber träufeln und andrücken. Die Form kühl stellen. **2** Für die Füllung die Herbstrompeten in 1/4 l warmem Wasser 30 Min. einweichen. Schalotten und Knoblauch abziehen und fein hacken. In 2 EL Öl weich schmoren. Herbsttrompeten ausdrücken, Pioppino putzen, beides grob hacken. **3** Chili ohne Kerne fein hacken. Chili und Pilze mit den Schalotten 3 Min. schmoren. Petersilie hacken und zur Pilzmischung geben. Ricotta mit den Eiern und Pecorino mischen. Pilzmischung einrühren und mit Salz und Pfeffer abschmecken. **4** Den Backofen auf 200 °C (Umluft 180 °C) vorheizen. Ricottamasse in die Form geben und glatt streichen. Salbeiblätter und halbierte Tomaten sternförmig darauf andrücken. Mit dem restlichen Öl beträufeln und 45 bis 50 Min. backen. **Tipp** Servieren Sie zur lauwarmen Ricottatorte einen Salat aus Tomaten, Rucola, Zwiebeln, Apfelwürfeln und ein paar gerösteten Haselnussblättchen. **Tipp** Diese würzige Ricottatorte schmeckt auch mit Pfifferlingen und der Ricotta, ein italienischer Frischkäse, kann ersetzt werden durch die gleiche Menge Magerquark oder Schichtkäse.

Gebackene Grießtaler mit Steinpilz-Tomaten-Sauce

Für die Grießtaler 800 ml Milch ◆ 1 TL Steinpilzbrühe (Reformhaus) ◆ 2 Lorbeerblätter ◆ Salz ◆ Muskat ◆ 1 Döschen Safranfäden ◆ 8 EL Hartweizengrieß ◆ 3 Eier ◆ 75 g Semmelbrösel ◆ 4 EL geriebener Parmesan ◆ Butterschmalz zum Braten

Für die Pilze 1 Bund Suppengrün ◆ 2 Knoblauchzehen ◆ 100 g Butter ◆ 2 EL Tomatenmark ◆ 1 TL getrockneter Oregano ◆ 1 Dose Pizzatomaten ◆ Pfeffer ◆ Zucker ◆ 750 g Steinpilze ◆ 1 EL frische Thymianblättchen

1 Für die Grießtaler die Milch mit Brühgranulat, Lorbeer, etwas Salz, frisch geriebener Muskatnuss und Safran zum Koch bringen. Den Grieß in die kochende Milch einrieseln lassen. Den Grieß unter Rühren bei milder Hitze 2 Min. kochen. **2** Ein kleines Backblech mit kaltem Wasser ausspülen und den Grieß darauf glatt streichen. Mit Frischhaltefolie abdecken und vollständig auskühlen lassen. Mit einem angefeuchteten Glas Taler ausstechen. **3** Die Eier in einem tiefen Teller verquirlen. Semmelbrösel und Parmesan auf einem anderen Teller mischen. Die Grießtaler zuerst durchs Ei ziehen und dann in die Bröselmischung drücken. Die Taler in heißem Butterschmalz goldgelb backen. **4** Für die Pilze das Suppengrün putzen, Knoblauch abziehen. Alles fein würfeln und in der Hälfte der heißen Butter weich schmoren. Tomatenmark, Oregano und Tomaten dazugeben und etwas einkochen. Mit Salz, Pfeffer und Zucker abschmecken. **5** Die Pilze putzen, klein schneiden und in der restlichen Butter braten. Mit Salz, Pfeffer und Thymian abschmecken. Die Grießtaler mit gebratenen Pilzen und Tomatensauce anrichten.

Gefüllte Hokkaidokürbisse mit Reis und Pilzen

1 EL Mu-Err-Pilze ◆ 1 Tasse tiefgefrorene Erbsen ◆ Salz ◆
4 kleine Hokkaidokürbisse (à 500 bis 600 g) ◆ 1 Bund Frühlingszwiebeln ◆ 2 Knoblauchzehen ◆
1 grüne Chilischote ◆ 50 g Butter ◆ 200 g Toskanapilze ◆ 1 Glas Stockschwämmchen ◆
50 g Mungbohnensprossen ◆ 3/4 Tasse gekochter Reis ◆ Etwas abgeriebene Zitronenschale ◆
1 TL frisch geriebener Ingwer ◆ 1 EL Sojasauce ◆ Pfeffer ◆ 4 Stängel Basilikum

1 Die getrockneten Pilze in 1/4 l warmem Wasser 30. Min. einweichen. Die Erbsen in wenig Salzwasser garen und abgießen. Von den Kürbissen einen Deckel abschneiden. Fasern und Kerne aus den Kürbissen entfernen und gleichzeitig die Öffnung mit einem Löffel vergrößern. Herausgelöstes Kürbisfleisch klein hacken. **2** Zwiebeln putzen, Knoblauch abziehen, beides fein hacken. Chili ohne Kerne fein schneiden. Alles in der Hälfte der heißen Butter mit dem Kürbisfleisch weich schmoren. **3** Toskanapilze putzen, Mu-Err-Pilze abgießen, Flüssigkeit auffangen, Mu-Err-Pilze klein schneiden. Stockschwämmchen abgießen, abbrausen und gut abtropfen lassen. Alle Pilze in der restlichen heißen Butter 2 Min. schmoren. Mit der Kürbis-Zwiebel-Masse mischen. **4** Sprossen heiß abbrausen und mit dem Reis zu den Pilzen geben. Etwas Pilzeinweichwasser dazugeben und mit Zitronenschale, Ingwer, Sojasauce, Salz und Pfeffer abschmecken. **5** Den Backofen auf 200 °C (Heißluft 180 °C) vorheizen. Die Kürbisse auf ein Backblech setzen und füllen. Den Deckel aufsetzen und auf der mittleren Schiene 30 bis 40 Min. garen. Den Deckel heben und mit Basilikumstreifen bestreuen.

Semmelknödel in Pilzrahmsauce

Für die Knödel 6 altbackene Brötchen ◆ 1/8 l Milch ◆ 4 Eier ◆ 1 bis 2 EL Mehl ◆ Salz ◆ Pfeffer ◆ Muskat
Für die Sauce 200 g Zwiebeln ◆ 2 EL Butter ◆ 2 EL Öl ◆ 500 g gemischte Waldpilze (Steinpilze, Braunkappen, Maronen, Stockschwämmchen, Pfifferlinge) ◆ 1 TL Mehl ◆ 500 g Sahne ◆ 4 EL gehackte Petersilie ◆ 4 TL Schnittlauchröllchen

1 Für die Knödel die Brötchen in kleine Würfel schneiden. Die Milch zum Kochen bringen und über die Brotwürfel gießen. Die Eier mit Mehl, Salz, Pfeffer und Muskat würzen. **2** Die Eier über die Brotmasse gießen und 30 Min. ziehen lassen. Die Kloßmasse kräftig durchrühren. Falls die Masse zu feucht ist, noch ein wenig Mehl oder Semmelbrösel einarbeiten. **3** In einem großen Topf reichlich Salzwasser zum Kochen bringen. Aus der Masse 4 gleich große Knödel formen und etwa 20 Min. in dem siedenden Wasser gar ziehen lassen. **4** Für die Sauce die Zwiebeln abziehen und fein würfeln. In der heißen Butter weich schmoren. Das Öl dazugeben. Pilze putzen und klein schneiden. Zu den Zwiebeln geben und unter Rühren 3 Min. schmoren. **5** Das Mehl darüber streuen und untermischen. 400 g Sahne angießen und 3 Min. durchkochen. Mit Salz, Pfeffer und Petersilie abschmecken. Die restliche Sahne steif schlagen und mit der Pilzsauce mischen. **6** Die Sauce auf tiefe Teller verteilen und jeweils einen abgetropften Semmelknödel hineinsetzen. Den Knödel mit Schnittlauchröllchen bestreuen.

Rahmsauerkraut mit Steinpilzen

30 g getrocknete Steinpilze ◆ 250 g Möhren ◆ 200 g Zwiebeln ◆ 2 Knoblauchzehen ◆ 4 EL Butter ◆ 1 EL edelsüßes Paprikapulver ◆ 2 Lorbeerblätter ◆ 10 Wacholderbeeren ◆ 500 g Fass-Sauerkraut ◆ 200 g Sahne ◆ 2 EL Ajvar ◆ Salz ◆ Pfeffer ◆ Honig ◆ 4 EL gehackte Petersilie

1 Die Steinpilze in gut 1/4 l warmem Wasser 30 Min. einweichen. Möhren putzen und schälen, Zwiebeln und Knoblauch abziehen. Alles fein würfeln und in der heißen Butter 2 Min. schmoren. Paprikapulver kurz mitrösten. **2** Die Pilze abgießen und die Flüssigkeit auffangen. Pilze in Streifen schneiden. Pilze, Einweichwasser, Lorbeerblätter, zerdrückte Wacholderbeeren und das Sauerkraut zur Zwiebelmasse geben und bei milder Hitze 10 Min. garen. **3** Die Sahne und Ajvar mischen, ins Sauerkraut einrühren und weitere 10 Min. köcheln lassen. Das Sauerkraut mit Salz, Pfeffer, Honig und gehackter Petersilie abschmecken. **Tipp** Dazu schmecken im Ganzen geröstete kleine Kartoffeln oder goldgelb gebratene Kartoffelplätzchen oder gebratene Schupfnudeln.

Wirsing mit Paprika und Mu-Err-Pilzen

3 EL Mu-Err-Pilze ◆ 2 rote Paprikaschoten ◆ 1 grüne Chilischote ◆
1 kg Wirsing ◆ 2 rote Zwiebeln ◆ 200 g Sahne ◆ Salz ◆ Pfeffer ◆ Curry ◆
Abgeriebene Limetten- oder Zitronenschale

1 Die Pilze in 1/4 l warmem Wasser 30 Min. einweichen. Die Paprikaschoten vierteln, putzen und mit einem Sparschäler schälen. Das Gemüse in Streichholz große Stifte schneiden. Die Chilischote entkernen und fein hacken. **2** Äußere Blätter vom Wirsing entfernen, den Kopf vierteln, Strunk herausschneiden und den Kohl in etwa 4 cm breite Streifen schneiden. Die Zwiebeln abziehen und in feine Spalten schneiden. **3** Pilze abgießen und in Streifen schneiden. Alle Zutaten in dem Einweichwasser mit der Sahne im geschlossenen Topf etwa 15 Min. garen. Mit Salz, Pfeffer, etwas Curry und Limetten- oder Zitronenschale abschmecken. **Tipp** Dazu schmecken knusprige Reisplätzchen. Dazu gekochten Reis mit Ei und Ihren Lieblingsgewürzen zu einer formbaren Masse verarbeiten und in Sonnenblumen- und etwas Sesamöl beidseitig knusprig braten. Statt Wirsingkohl können Sie auch Spitzkohl verwenden, die Garzeit beträgt allerdings nur knapp 10 Min.

Gurkengemüse mit Pfifferlingen

250 g Tomaten ◆ 2 große Schlangengurken ◆ 2 Schalotten ◆ 5 EL Butter ◆ 200 g Schmand ◆ 1 Bund Dill ◆ 350 g kleine Pfifferlinge ◆ Salz ◆ Pfeffer ◆ Zucker

1 Von den Tomaten die Stielansätze wegschneiden. Die Früchte kurz in kochendes Wasser tauchen, häuten und entkernen. Die Tomatenfilets in breite Streifen schneiden. **2** Die Gurken schälen und längs halbieren. Die Kerne mit einem Löffel in ein feines Sieb über einer Schüssel schaben und die Kerne gut ausdrücken. Die halbierten Gurken quer in knapp 1 cm breite Stücke schneiden. **3** Die Schalotten abziehen und fein würfeln. Etwa 2 EL Butter erhitzen und die Schalotten darin weich, aber nicht braun schmoren. Gurken und Gurkenwasser dazugeben und unter Rühren 10 bis 15 Min. offen bei mittlerer Hitze garen. **4** Den Schmand und die Tomatenfilets einrühren. Den Dill waschen, trockenschleudern und die Spitzen fein hacken. Zu den Gurken geben und untermischen. **5** Die Pilze putzen, große Exemplare klein schneiden. In der restlichen Butter 3 bis 4 Min. in einer Pfanne braten und in das Gurkengemüse einrühren. Noch einmal zum Kochen bringen und alles mit Salz, Pfeffer und Zucker abschmecken. **Tipp** Reichen Sie dazu kleine, goldgelb gebratene Kartoffeln oder sahniges Kartoffelpüree.

Asiatische Pilze auf Reis

Für die Pilze 250 g frische Shiitake-Pilze ◆ 250 g Austernpilze ◆ 250 g Champignons ◆ 100 g Enoki-Pilze ◆ 200 g rote Zwiebeln ◆ Sonnenblumenöl zum Braten ◆ 2 EL Zitronensaft ◆ etwas Sesamöl ◆ Sojasauce ◆ Salz ◆ Pfeffer ◆ Zucker ◆ 1/2 Bund Koriandergrün oder glatte Petersilie
Für den Reis 1 Bund Frühlingszwiebeln ◆ 4 EL Butter ◆ 250 g Basmatireis ◆ 1 grüne Chilischote ◆ 1 kleines Stück Ingwer ◆ 1 Döschen Safran ◆ 12 Kirschtomaten

1 Die Pilze putzen, Shiitake-Pilze halbieren oder vierteln, Austernpilze in dicke Streifen schneiden. Champignons je nach Größe halbieren oder vierteln. Von den Enoki-Pilzen nur den unteren Teil wegschneiden. **2** Zwiebeln abziehen und in schmale Spalten schneiden. In etwas heißem Öl weich schmoren. Alle Pilze bis auf die Enoki in die Pfanne geben und unter Rühren 4 bis 5 Min. schmoren. **3** Enoki, Zitronensaft, etwas Sesamöl, etwas Sojasauce, wenig Salz, Pfeffer und Zucker dazugeben und gut vermengen. Die Pilze noch einmal einige Min. garen. Die Blätter vom Koriandergrün oder von der glatten Petersilie grob über die Pilze zupfen. **4** Für den Reis die Frühlingszwiebeln putzen und bis auf den dunkelgrünen Teil fein schneiden. In der Hälfte der Butter bissfest garen. Mit der restlichen Butter mischen. **5** Den Reis unter fließendem Wasser waschen. Die Chilischote mit oder ohne scharfe Kerne fein schneiden. Das Stück Ingwer schälen. Den Reis in reichlich kochendem Salzwasser mit Safran, Chili und dem Stück Ingwer garen. **6** Von den Tomaten den Stielansatz wegschneiden, die Früchte kurz in kochendes Wasser tauchen und häuten. Den Reis abgießen, Ingwer entfernen und mit den Frühlingszwiebeln und der Butter mischen. Die geschmorten Pilze über dem Reis verteilen und mit den Tomaten garnieren.

Dicke Bohnen mit Steinpilzen

2 Gläser dicke Bohnen oder 2,5 kg frische dicke Bohnen ◆ 2 Bund Frühlingszwiebeln ◆ 2 EL Butter ◆ 8 getrocknete Tomaten in Öl ◆ 2 EL frisches Bohnenkraut ◆ Salz ◆ Pfeffer ◆ 500 g Steinpilze ◆ 1 Knoblauchzehe ◆ 50 g Butter ◆ 2 EL Olivenöl ◆ etwas abgeriebene Zitronenschale

1 Die Bohnen aus dem Glas abgießen, abbrausen und gut abtropfen lassen. Frische Bohnen aus den Hülsen palen und jede Bohne schälen, weil´s besser schmeckt. Die frischen Bohnen in wenig Salzwasser in 5 bis 8 Min. gar kochen und abgießen. **2** Von den Frühlingszwiebeln den hellen Teil fein schneiden. Die Butter in einem Topf erhitzen und die Frühlingszwiebeln darin weich schmoren. Die Bohnen einrühren. **3** Die Tomaten zwischen Küchenpapier entfetten und längs in schmale Streifen schneiden. Mit dem Bohnenkraut zu den Bohnen geben und mit Salz und Pfeffer würzen. **4** Die Steinpilze putzen und in Scheiben schneiden. Knoblauch abziehen und durch die Presse zu den Pilzen drücken. Die Butter in einer Pfanne erhitzen und die Steinpilze darin unter Rühren 4 bis 5 Min. braten. **5** Das Öl dazugießen und die Steinpilze mit Salz, Pfeffer und etwas abgeriebener Zitronenschale abschmecken. Die Pilze mit den Bohnen mischen und noch einmal erhitzen. **Tipp** Dazu schmeckt ein Oliven-Tomaten-Baguette mit Limettenbutter.

Sauerkrautrösti mit Braunkappen

Für die Rösti 750 g mehlig kochende Kartoffeln ◆ 2 rote Zwiebeln ◆ 1 rote Paprikaschote ◆ 50 g Butter ◆ 250 g Fass-Sauerkraut ◆ 100 ml Weißwein ◆ Salz ◆ Cayennepfeffer ◆ 1 TL Honig ◆ 2 Eier ◆ 4 EL gehackte Petersilie ◆ 4 bis 6 EL Paniermehl ◆ Butterschmalz zum Braten
Für die Pilze 1 Knoblauchzehe ◆ 500 g Braunkappen ◆ 4 EL Olivenöl ◆ Pfeffer ◆ 1 TL frische Thymianblättchen ◆ 300 g Sahne

1 Für die Rösti die Kartoffeln schälen und mitelfein in eine Schüssel reiben. Zwiebeln abziehen und fein würfeln. Die Paprikaschote vierteln, entkernen und mit einem Sparschäler schälen. Ein Viertel der Paprikaschote in Streichholz große Stifte schneiden und beiseite legen. Die restliche Schote sehr fein hacken. **2** Die Zwiebel würfeln und in der heißen Butter weich schmoren. Sauerkraut, Paprikawüfel, Butter und Weißwein in einem Topf erhitzen und unter Rühren 5 Min. offen garen, bis alle Flüssigkeit verdampft ist. **3** Die Sauerkrautmasse vorsichtig ausdrücken und mit den geriebenen Kartoffeln, Salz, Cayennepfeffer und Honig vermengen. Eier und Petersilie einrühren und nur so viel Paniermehl dazugeben, bis eine formbare Masse entstanden ist. **4** Acht gleich große flache Rösti formen und in reichlich Butterschmalz in 2 beschichteten Pfannen beidseitig goldgelb rösten. Für die Pilze den Knoblauch abziehen und fein würfeln. Pilze putzen und klein schneiden. **5** Knoblauch und Pilze in dem heißen Öl 3 bis 4 Min. garen. Mit Salz, Pfeffer und Thymian würzen. Die Sahne angießen und einmal aufkochen. Die Rösti auf der Pilzsauce anrichten und mit den zurückgelegten Paprikastreifen garnieren.
Tipp Wenn Sie Sauerkraut aus der Dose verwenden, entfällt das Garen des Kohls. Der besseren Bekömmlichkeit wegen sollten die Zwiebeln in etwas Butter weich geschmort werden.

Tortilla mit Limonenpilzen und Frühlingszwiebeln

500 g fest kochende Kartoffeln ◆ 3 Bund Frühlingszwiebeln ◆ 50 g Butter ◆ 350 g Limonenpilze ◆ Salz ◆ Pfeffer ◆ 200 g Kirschtomaten ◆ 4 Thymianstängel ◆ 200 g Sahne ◆ 6 Eier

1 Die Kartoffeln 10 Min. garen, abgießen und schälen. Die abgekühlten Kartoffeln in dünne Scheiben schneiden. **2** Die Frühlingszwiebeln putzen und nur den hellen und hellgrünen Teil klein schneiden. In 20 g Butter unter Rühren 4 Min. garen. **3** Pilze putzen und in breite Streifen schneiden. In 20 g Butter unter Rühren mit den Zwiebeln 2 Min. garen. Mit Salz und Pfeffer würzen. **4** Tomaten waschen und die Stielansätze wegschneiden. Eine runde Auflaufform mit der restlichen Butter einfetten. Kartoffelscheiben auf den Boden legen, mit Salz und Pfeffer würzen. **5** Die Hälfte der Pilzmischung über die Kartoffeln geben. Es folgen Kartoffelscheiben, Pilze, Kartoffeln. Den Backofen auf 180 °C (Heißluft 160 °C) vorheizen. **6** Tomaten und Thymianstängel über den Kartoffeln verteilen. Sahne mit Eiern, Salz und Pfeffer mischen und über den Auflauf gießen. Im Backofen auf der mittleren Schiene 30 bis 40 Min. backen.

Äpfel und Pfifferlinge auf Blätterteig

Für den Teigboden 300 g tiefgefrorener Blätterteig ◆ 75 g kalte Butter ◆ 6 Stängel frischer Majoran

Für den Belag 2 feste Äpfel ◆ 250 g rote Zwiebeln ◆ 300 g Pfifferlinge ◆ 4 EL Butter ◆ 2 EL Olivenöl ◆ Salz ◆ Pfeffer ◆ 5 EL Mandelblättchen ◆ 1/2 Bund Petersilie

1 Für den Teigboden den Blätterteig 10 Min. antauen lassen. Die Hälfte der Teigplatten leicht überlappend nebeneinander legen und mit dünnen Butterscheiben und grob gehackten Majoranblättchen belegen. Die anderen Teigplatten darüber legen und knapp doppelt so groß ausrollen. **2** Den Teig auf ein mit kaltem Wasser abgespültes Backblech legen. Für den Belag die Äpfel vierteln, schälen, entkernen und in dünne Scheiben hobeln. Anschließend über dem Teig verteilen. **3** Pilze putzen, groß Exemplare klein schneiden. Zwiebeln abziehen und in dünne Spalten schneiden. Butter und Öl in einer weiten Pfanne erhitzen und Zwiebeln und Pilze darin 3 Min. schmoren. Mit Salz und Pfeffer würzen. **4** Den Backofen auf 220 °C (Heißluft 200 °C) vorheizen. Pilzmischung und Mandelblättchen auf dem Teig verteilen. Im Backofen auf der untersten Schiene 20 bis 30 Min. backen und mit grob gehackter Petersilie bestreuen. **Tipp** Für den Teigboden können Sie auch einen fertigen Pizzateig aus dem Kühlregal des Supermarkts verwenden.

Das Beste, was ein Pilz werden kann:

EINE FESTLICHE MAHLZEIT

Rehmedaillons mit Semmelstoppelpilzen und grünen Bohnen

Für das Fleisch Etwa 800 g Rehmedaillons (8 Stück) ◆ Salz ◆ Pfeffer ◆ 2 Knoblauchzehen ◆ 1/2 Bund Thymian ◆ 2 Rosmarinstängel ◆ 2 Lorbeerblätter ◆ 75 g Butter ◆ 4 EL Olivenöl ◆ 2 Äpfel ◆ 8 TL gekochte Preiselbeeren
Für das Gemüse 80 g Bacon (Frühstücksspeck) ◆ 250 g Keniabohnen ◆ Salz ◆ Pfeffer ◆ Etwas getrocknetes Bohnenkraut ◆ 350 g Semmelstoppelpilze ◆ 4 EL Butter

1 Das Fleisch waschen und trockenreiben. Anschließend mit Salz und Pfeffer einreiben. Knoblauch abziehen und fein hacken. 8 schöne Thymianstängel beiseite legen. Knoblauch, Thymian, Rosmarin und Lorbeer in heißer Butter kurz anschwitzen. **2** Olivenöl in die Pfanne gießen und die Medaillons darin auf jeder Seite bei mittlerer Hitze 3 bis 4 Min. braten. Das Fleisch immer wieder mit dem Fett begießen. Die Medaillons in Alufolie wickeln. **3** Äpfel waschen, trockenreiben und das Kerngehäuse herausstechen. Aus den Äpfeln 8 schöne Scheiben herausschneiden und in dem heißen Fett beidseitig braten. Auf jedes Medaillon 1 Apfelscheibe legen und in die Mitte einen Klecks Preiselbeeren geben. Jedes Medaillon mit einem kleinen Thymianstängel krönen. **4** Für das Gemüse den Bacon in einer Pfanne knusprig braten und auf Küchenpapier entfetten. Bohnen putzen und in wenig Salzwasser 8 bis 10 Min. garen und abgießen. Mit Salz, Pfeffer und etwas Bohnenkraut würzen. Pilze putzen und in der heißen Butter 3 bis 4 Min. braten, mit Salz und Pfeffer würzen und mit den Bohnen und dem zerbröselten Bacon mischen. Die Medaillons dazusetzen. **Tipp** Dazu schmecken feine Kroketten, kleine Kartoffelrösti oder Röstkartoffeln.

250 g weiße Champignons ◆ 3 EL Butter ◆ Salz ◆ Pfeffer ◆ 4 EL gehackte Petersilie ◆ 2 altbackene Brötchen ◆ 500 g Wildschweinfleisch ohne Knochen ◆ 100 g fetter Speck ◆ 1 EL scharfer Senf ◆ 1 TL Tomatenmark ◆ 1 TL frische Thymianblättchen ◆ 3 Eier ◆ 300 g tiefgefrorener Blätterteig ◆ 150 g Crème fraîche ◆ 100 g Joghurt ◆ 2 EL gekochte Preiselbeeren

1 Die Champignons putzen und sehr fein würfeln. Die Butter in einer Pfanne erhitzen und die Pilzwürfel darin schmoren, bis alle Flüssigkeit verdampft ist. Die Masse mit Salz, Pfeffer und Petersilie würzen. **2** Die Brötchen rundherum abreiben und in kaltem Wasser einweichen. Das Wildfleisch mit dem Speck zwei Mal durch den Fleischwolf drehen. Die Brötchen gut ausdrücken und in eine Schüssel zupfen. **3** Die Brotmasse mit Senf, Tomatenmark und Thymian glatt rühren. Das durchgedrehte Fleisch, die Pilzmasse und 2 Eier untermischen. Mit Salz und Pfeffer abschmecken. **4** Den Backofen auf 200 °C (Heißluft 180 °C) vorheizen. Den Blätterteig antauen lassen und die Platten leicht überklappend zwischen Frischhaltefolie zu einem Rechteck ausrollen. Das restliche Ei mit ein paar Tropfen Wasser mischen und die Ränder der Teigplatte damit bestreichen. **5** Die Hackfleischmasse in die Mitte auf den Teig geben und aufrollen. Mit der Naht nach unten auf ein mit kaltem Wasser abgespültes Backblech legen und die Seiten nach untenschlagen. **6** Die Teigoberfläche mit dem restlichen Ei bestreichen, mit einer Gabel mehrmals einstechen. Auf der mittleren Schiene 45 bis 55 Min. backen. Crème fraîche mit Joghurt und Preiselbeeren glatt rühren und getrennt zur heißen Fleischpastete reichen.

Rehbraten mit Steinpilz-Kartoffel-Püree

Für den Braten 1 kg Rehbraten ohne Knochen ◆ 1 Flasche kräftiger Rotwein ◆ 1 EL getrocknete Pilze (Steinpilze, Champignons, Pfifferlinge) ◆ 1 Bund Suppengrün ◆ 1 EL Wacholderbeeren ◆ 1 EL Pfefferkörner ◆ 5 Lorbeerblätter ◆ 1 TL getrockneter Thymian ◆ 1 Sternanis ◆ Salz ◆ Pfeffer ◆ 50 g Butterschmalz zum Braten ◆ 1 EL Tomatenmark ◆ etwas dunkler Soßenbinder ◆ 50 g Butter

Für das Püree 100 g Bacon (Frühstücksspeck) ◆ 250 g Steinpilze ◆ 1 kg mehlig kochende Kartoffeln ◆ 250 g Mascarpone ◆ Muskat ◆ 4 EL gehackte Petersilie

1 Für den Braten das Fleisch waschen und trockenreiben. Den Wein mit den Pilzen mischen. Suppengrün putzen und grob würfeln. Mit den Wacholderbeeren, Pfefferkörnern, Lorbeer, Thymian und Sternanis zum Wein geben. Einmal aufkochen und abkühlen lassen. **2** Das Fleisch in einen Gefrierbeutel legen, die Beize dazugießen und im Kühlschrank mindestens 24 Std. durchziehen lassen. Das Fleisch herausnehmen und trockentupfen. Mit Salz und Pfeffer einreiben und im heißen Butterschmalz in einem Bräter rundherum anbraten. Tomatenmark einrühren und kurz mitrösten. **3** Die Beize durch ein Sieb gießen und nach und nach zum Fleisch gießen. Das Fleisch öfter wenden und insgesamt zugedeckt bei milder Hitze etwa 1,5 Std. garen. Den Bratenfond mit etwas Soßenbinder binden und mit der Butter verfeinern. **4** Für das Püree den Bacon in einer Pfanne knusprig braten und auf Küchenpapier entfetten, dann zerbröseln. Die Pilze putzen und klein schneiden. In dem Speckfett 2 Min. braten. **5** Die Kartoffeln schälen, würfeln und in Salzwasser garen. Die Kartoffeln abgießen und mit Mascarpone zerstampfen oder gut durchrühren. Steinpilze, Bacon, Salz, Pfeffer, Muskat und Petersilie untermischen. **Tipp** Dazu schmeckt Rosenkohl, Rotkohl oder Wirsing. Statt der frischen Steinpilze können Sie auch 10 g getrocknete Steinpilze verwenden, die vorher in einigen EL warmem Wasser eingeweicht wurden.

Für das Ragout 1 kg Hasen-Vorderläufe (frisch oder tiefgefroren) ◆ 125 g durchgwachsener Speck ◆ 250 g Zwiebeln ◆ 1 Bund Suppengrün ◆ 2 Lorbeerblätter ◆ 1 EL Tomatenmark ◆ 1 Flasche kräftiger Rotwein ◆ 2 Bio-Orangen ◆ Salz ◆ Pfeffer
Für die Nudeln 300 g Braunkappen ◆ 4 EL Butter ◆ 350 g Röhrennudeln (z. B. Penne oder Makkaroni) ◆ 200 g Sahne ◆ 4 EL gehackte Petersilie ◆ geriebener Parmesan, nach Belieben

1 Für das Ragout das (aufgetaute) Fleisch waschen und trockenreiben. Den Speck in dünne Streifen schneiden, in einem Topf knusprig braten und beiseite legen. Zwiebeln abziehen, würfeln und in dem Speckfett kurz anschwitzen. **2** Fleisch und Lorbeer zu den Zwiebeln geben und rundherum anbraten. Das Suppengrün putzen und klein schneiden. Nach 30 Min. zum Fleisch geben und kurz mit Tomatenmark anrösten. Den Wein angießen. **3** Die Orangen heiß waschen und trockenreiben. Von 1 Frucht 2 breite Schalenstreifen abziehen, die andere Frucht fein abreiben und den Abrieb beiseite legen. Die Orangen sorgfältig schälen und die Filets lösen.. **4** Die beiden Schalenstreifen zum Fleisch geben, alles mit Salz und Pfeffer würzen und zugedeckt weitere 40 Min. garen. Das Hasenfleisch herausnehmen und klein schneiden. Den Bratenfond durch ein Sieb gießen und mit dem Fleisch mischen. **5** Für die Nudeln die Pilzen putzen, in Scheiben schneiden und in der heißen Butter 3 bis 4 Min. braten. Mit Salz, Pfeffer und etwas abgeriebener Orangenschale abschmecken. **6** Die Nudeln in reichlich Salzwasser bissfest garen und abgießen. Mit Sahne, Pilzen, Speckstreifen, Hasenragout und Orangenfilets vorsichtig mischen und einmal aufkochen. Vor dem Servieren mit Petersilie bestreuen. Den Parmesan getrennt dazu reichen.

Rindfleischtopf mit Glasnudeln und asiatischen Pilzen

2 EL Mu-Err-Pilze ◆ 100 g Kokosflocken ◆ 500 g Schaufelbug vom Rind ◆ 1 Bund Suppengrün ◆ 2 Lorbeerblätter ◆ 1 Stück Zitronenschale ◆ Salz ◆ 1 rote Chilischote ◆ 1 Walnuss großes Stück frischer Ingwer ◆ 750 g Gemüse (z. B. 200 g Möhren, 100 g tiefgefrorene Erbsen, 150 g grüne Bohnen, 150 g Blumenkohlröschen, 1 Lauchstange, 2 Stangensellerie) ◆ 200 g frische Shiitake-Pilze ◆ 100 g Enoki-Pilze ◆ 100 g Glasnudeln ◆ Sojasauce ◆ 5-Gewürze-Pulver ◆ frisches Koriandergrün

1 Die Mu-Err-Pilze in 1/4 l warmem Wasser 30 Min. einweichen. Die Kokosflocken mit 1/4 l heißem Wasser überbrühen und ziehen lassen. Das Fleisch waschen. Das Suppengrün putzen und würfeln. **2** Das Fleisch mit Suppengrün, Lorbeer, Zitronenschale, Salz, aufgeschlitzter Chilischote und dem geschälten Ingwer in 1 l Wasser zum Kochen bringen. Zugedeckt etwa 1,5 Std. garen. **3** Das Fleisch herausnehmen und klein schneiden. Die Brühe durch ein Sieb gießen und 10 Min. sprudelnd einkochen. Mu-Err-Pilze klein schneiden und mit etwas Einweichwasser zur Brühe geben. Die Kokosflocken mit dem Einweichwasser in ein Sieb geben und über der Brühe gut ausdrücken. **4** Das Gemüse putzen und klein schneiden. Die Pilze putzen und Shiitake-Pilze in Streifen schneiden. Gemüse und Shiitake-Pilze in der Brühe offen etwa 15 Min. kochen. **5** Die Glasnudeln in einer Schüssel mit reichlich kochendem Wasser begießen und kurz ziehen lassen. Die Nudeln nach Belieben mit einer Schere klein schneiden. Fleisch, Enoki und Nudeln zur Brühe geben und noch ein paar Min. kochen. Mit Sojasauce, 5-Gewürze-Pulver, Salz und Pfeffer abschmecken. Etwas Koriandergrün zum Schluss über den Eintopf zupfen.

Tatarfrikadellen mit Limonenpilzen

500 g Tatar ◆ 2 Eigelb ◆ Salz ◆ Cayennepfeffer ◆ 1 kleine Salzgurke ◆ 1 EL scharfer Senf ◆ Butterschmalz zum Braten ◆ 2 rote Zwiebeln ◆ 50 g Butter ◆ 400 g Limonenpilze ◆ 1 Bio-Zitrone ◆ 200 g Sahne ◆ 1 Topf Kerbel

1 Das Hackfleisch mit den Eigelben, Salz und Cayennepfeffer mischen. Die Salzgurke fein würfeln. Mit Senf zum Tatar geben und gut vermengen. Aus der Masse 4 gleich große Frikadellen formen und in Butterschmalz auf jeder Seite 3 bis 4 Min. braten. Die Frikadellen warm halten. **2** Die Zwiebeln abziehen und in feine Streifen schneiden. Etwas Butter zum Bratfett geben und die Zwiebeln unter Rühren 2 Min. darin schmoren. Pilze putzen und in breite Streifen schneiden. **3** Zwiebeln herausnehmen und restliche Butter in der Pfanne schmelzen. Die Pilze darin 3 bis 4 Min. schmoren. Zwiebeln wieder hinzufügen. Die Zitrone heiß waschen und trockenreiben. Etwas Schale zu den Pilzen reiben. 1/2 Zitrone auspressen. **4** Etwa die Hälfte der Sahne zu der Pilzzubereitung geben und aufkochen. Restliche Sahne halb steif schlagen und unterheben. Die Pilzzubereitung mit Salz, Pfeffer und etwas Zitronensaft abschmecken. Die Pilze auf Tellern verteilen jeweils 1 Frikadelle hineinsetzen und mit Kerbel bestreuen.

Tipp Servieren Sie dazu längs geviertelte Kartoffeln, die in Olivenöl goldgelb geröstet werden oder frisches Baguette

Kalbfleischspieße auf Bratkartoffeln mit Knoblauchmajonäse

Für die Majonäse 2 Eigelb ◆ 250 bis 300 ml Sonnenblumenöl ◆ 1 TL Dijonsenf ◆ 1 EL Zitronensaft ◆ 1 TL Honig ◆ 2 bis 4 Knoblauchzehen ◆ 1 kleine rote Chilischote ◆ 100 g Joghurt ◆ Salz
Für die Kartoffeln 8 große, längliche, fest kochende Kartoffeln ◆ Butterschmalz zum Braten ◆ 4 frische Thymianstängel ◆ Grobes Meersalz zum Bestreuen
Für die Spieße 4 kräftige Rosmarinstängel ◆ 600 g Kalbsschnitzel (3 Stück) ◆ 8 gleich große weiße Champignons ◆ 2 rote Zwiebeln ◆ 4 Kirschtomaten ◆ Olivenöl zum Braten ◆ Pfeffer

1 Für die Majonäse müssen alle Zutaten Raumtemperatur aufweisen. Die Eigelbe in einem hohen Gefäß verrühren. In dünnem Strahl das Öl dazugießen und dabei mit dem elektrischen Handrührer immer weiterrühren. Sobald die Majonäse die richtige Konsistenz hat, Senf, Zitronensaft und Honig untermischen. **2** Knoblauch abziehen und durch die Presse zur Majonäse drücken. Die Chilischote ohne Kerne fein hacken und mit dem Joghurt unter die Majonäse mischen, mit Salz abschmecken. **3** Die Kartoffeln mit Schale etwa 25 Min. kochen, pellen und auskühlen lassen. Anschließend in Scheiben schneiden und in Butterschmalz goldgelb braten. Vor dem Servieren mit frischen Thymianblättchen und grobem Salz bestreuen. **4** Für die Spieße die Rosmarinstängel am unteren Ende anspitzen. Das Fleisch in große Würfel schneiden. Pilze putzen, Zwiebeln abziehen und vierteln, Tomaten waschen. Fleisch, Champignons und Zwiebeln auf die Rosmarinstängel spießen. Abschluß ist jeweils 1 Tomate. **5** Die Spieße in reichlich Olivenöl in einer Pfanne rundherum 4 bis 5 Min. braten und mit Salz und Pfeffer würzen. Die Spieße auf den Bratkartoffeln anrichten und die Majonäse getrennt dazu reichen.

Leipziger Allerlei mit Kalbskoteletts

Für das Fleisch 4 Kalbskoteletts ◆ Salz ◆ Pfeffer ◆ Mehl zum Bestreuen ◆ Butterschmalz zum Braten
Für das Gemüse 20 g getrocknete Spitzmorcheln ◆ 500 g Spargel ◆ 1/2 Blumenkohl ◆ 1 Kohlrabi ◆ 250 g junge Möhren ◆ 200 g tiefgefrorene Erbsen ◆ Muskat ◆ 100 g Butter ◆ 12 gekochte, ungeschälte Flusskrebse ◆ 3 TL Mehl ◆ 200 g Sahne ◆ 4 EL gehackte Petersilie

1 Die Koteletts kalt abspülen und trockenreiben. Mit Salz und Pfeffer einreiben und in Mehl wälzen. Überschüssiges Mehl abtropfen. Das Fleisch in 2 Pfannen in reichlich heißem Butterschmalz 10 bis 15 Min. braten. **2** Für das Gemüse die Spitzmorcheln in 1/4 l warmem Wasser 30 Min. einweichen. Das Gemüse putzen, Spargel, Kohlrabi und Möhren schälen. Blumenkohl in kleine Röschen teilen, das andere Gemüse in gleich große Stücke schneiden. **3** Das Gemüse zusammen über Dampf garen oder getrennt in wenig Salzwasser bissfest garen. Das Gemüse abgießen und das Kochwasser auffangen. Das Gemüse mit Salz, Pfeffer und Muskat würzen und mit 50 g Butter verfeinern. Krebse aus den Panzern brechen. **4** Morcheln im Einweichwasser etwa 15 Min. garen. Das Wasser durch eine Kaffeefiltertüte gießen, um den Sand zu entfernen. Die restliche Butter in einem Topf erhitzen und das Mehl darin leicht anschwitzen. Mit dem Einweichwasser ablöschen. Mit etwas Gemüsekochwasser und Sahne verrühren, sodass eine cremige Sauce entsteht. Mit Salz und Muskat abschmecken. **5** Das heiße Gemüse auf einer Platte anrichten. Morcheln und angewärmte Krebsschwänze dazulegen und mit etwas Sauce begießen. Mit den Krebsköpfen garnieren und mit Petersilie bestreuen. **Tipp** Reichen Sie zu diesem Festessen neue Kartoffeln mit etwas Butter und viel gehackter Petersilie.

Hack-Pilz-Braten mit Toskanapilzen

2 altbackene Brötchen ◆ 250 g braune Champignons ◆ 200 g Zwiebeln ◆ 1 Knoblauchzehe ◆ 4 EL Butter ◆ 750 g gemischtes Hackfleisch ◆ 2 Eier ◆ 2 EL scharfer Senf ◆ 1 TL Kräuter der Provence ◆ Salz ◆ Pfeffer ◆ Worcestershiresauce ◆ Rapsöl zum Braten ◆ 1 Bund Suppengrün ◆ 250 g Toskanapilze ◆ 150 g Crème fraîche ◆ etwas dunkler Soßenbinder

1 Die Brötchen in lauwarmem Wasser einweichen. Pilze putzen und grob hacken. Zwiebeln und Knoblauch abziehen und fein würfeln. Pilze, Zwiebeln und Knoblauch in der heißen Butter so lange schmoren, bis alle Flüssigkeit verdampft ist. Die Masse abkühlen lassen. **2** Die Brötchen gut ausdrücken und in eine Schüssel zupfen. Hackfleisch, Eier, Senf, Kräuter der Provence und die Pilzmasse dazugeben und alles zu einem glatten Teig verkneten. Mit Salz, Pfeffer und etwas Worcestershiresauce würzen. **3** Aus dem Fleischteig einen länglichen Hackbraten formen. Etwas Öl in einem Bräter erhitzen und das Hackfleisch darin rundherum leicht anbraten. Suppengrün putzen und fein würfeln. Um den Braten herumlegen und leicht anrösten. Mit 1/4 l heißem Wasser ablöschen. **4** Pilze putzen. Den Braten bei mittlerer Hitze in etwa 1 Std. garen. 15 Min. vor Garende die Pilze und Crème fraîche einrühren. Die Sauce mit etwas Soßenbinder binden und mit Salz, Pfeffer und Worcestershiresauce abschmecken. **Tipp** Dazu schmecken vorzüglich Salzkartoffeln und Gemüse aus frischen Möhren und tiefgefrorenen Erbsen.

Filetpfanne mit Gemüse und Kräuterseitlingen

600 g Schweinefilet ◆ 5 EL Rapsöl ◆ 400 g kleine neue Kartoffeln ◆ 200 g grüne Bohnen ◆ 2 Zucchini ◆ 200 g junge Möhren ◆ 2 Stangen Lauch ◆ 200 Kirschtomaten ◆ 300 g Kräuterseitlinge ◆ Salz ◆ Pfeffer ◆ 1 TL Bohnenkraut ◆ 2 EL gehackte Petersilie ◆ 40 g Kräuterbutter (Fertigprodukt)

1 Das Schweinefilet waschen und trockenreiben. Anschließend putzen und in gleich große Stücke schneiden. Die Hälfte des Öls in einer großen Pfanne erhitzen und die Fleischwürfel darin 3 Min. kräftig anbraten. Das Fleisch auf einem Teller parken. **2** Die Kartoffeln kräftig abbrüsten. Bohnen und Zucchini waschen und putzen. Möhren schälen. Den grünen Teil des Lauchs wegschneiden und gut waschen. Tomaten waschen und die Stielansätze wegschneiden. Pilze putzen. Das Gemüse in mundgerechte Stücke schneiden. **3** Kartoffeln mit dem restlichen Öl in die Pfanne geben und zugedeckt 10 Min. braten. Möhren und Bohnen sowie 1/8 l warmes Wasser dazugeben und weitere 10 Min. garen. Lauch, Zucchini und Pilze dazugeben und noch einmal 8 Min. schmoren. **4** Bei Bedarf noch etwas Wasser hinzufügen. Das Fleisch und die Tomaten zum Gemüse geben und alles noch einmal 3 Min. erhitzen, bis alle Flüssigkeit verdampft ist. Mit Salz, Pfeffer, Bohnenkraut und Petersilie abschmecken. **5** Die Kräuterbutter in dünne Scheiben schneiden und über Fleisch und Gemüse verteilen. **Tipp** Dazu schmecken Laugenbrezel und ein kühles Bier.

Jägerschnitzel mit Zucchinipuffer

Für die Schnitzel 4 Schweineschnitzel ◆ Salz ◆ Pfeffer ◆ etwas Mehl ◆ 2 Eier ◆ 100 g Paniermehl ◆ 1 TL getrocknete Thymianblättchen ◆ 4 EL Olivenöl ◆ 150 g Butter ◆ 2 Zwiebeln ◆ 400 g Waldpilzmischung ◆ 250 g Sahne ◆ 1 EL heller Soßenbinder ◆ 2 EL gehackte Petersilie ◆ 4 Zitronenscheiben

Für die Puffer 500 g mehlig kochende Kartoffeln ◆ 250 g Zuchini ◆ 1 EL Mehl ◆ 1 Ei ◆ Muskat ◆ 3 EL Schnittlauchröllchen ◆ Butterschmalz zum Braten

1 Für die Schnitzel das Fleisch waschen, trockentupfen und vorsichtig etwas flacher klopfen. Beidseitig mit Salz und Pfeffer einreiben und mit Mehl bestäuben. Überschüssiges Mehl abschütteln. **2** Die Eier mit etwas Salz und Pfeffer in einem flachen Teller verrühren. Paniermehl und Thymian auf einem anderen Teller mischen. Olivenöl und 100 g Butter in zwei Pfannen erhitzen. Die Schnitzel zuerst durchs Ei ziehen und dann in die Bröselmischung drücken. Den Vorgang nach Belieben noch einmal wiederholen. **3** Die Schnitzel in dem heißen Fett auf jeder Seite 3 bis 5 Min. braten. Zwischendurch immer wieder mit dem Fett begießen. Das Fleisch einmal wenden. **4** Zwiebeln abziehen und fein würfeln. Restliche Butter in einer Pfanne erhitzen und die Zwiebeln darin weich, aber nicht braun schmoren. Pilze putzen und klein schneiden. Mit den Zwiebeln und der Sahne offen 3 bis 4 Min. garen. Mit Salz und Pfeffer abschmecken und mit etwas Soßenbinder leicht binden. Die Sauce über die fertigen Schnitzel gießen, mit etwas Petersilie bestreuen und jeweils 1 Zitronenscheibe dazulegen. **5** Für die Puffer die Kartoffeln schälen, die Zucchini putzen und waschen, Kartoffeln und Zucchini mittelfein raspeln. Beides mischen und gut ausdrücken. Mit Mehl, Ei, Salz, Pfeffer, Muskat und Schnittlauchröllchen vermengen. **6** Aus der Masse Handteller große dünne Puffer formen und in heißem Butterschmalz auf beiden Seiten goldgelb braten.

Schweinebraten mit Rosenkohl und Austernpilzen

Für den Braten 5 getrocknete Shiitake-Pilze ◆ 1,2 kg Schweinenacken am Stück ◆ Salz ◆ Pfeffer ◆ Mildes Paprikapulver ◆ Butterschmalz zum Braten ◆ 1 Bund Suppengrün ◆ 2 Lorbeerblätter ◆ 3/4 l Geflügelbrühe ◆ Etwas Sojasauce ◆ Dunkler Soßenbinder ◆ 4 frische Majoranstängel
Für das Gemüse 500 g Rosenkohl ◆ Muskat ◆ 2 rote Zwiebeln ◆ 350 g Austernpilze ◆ 50 g Butter

1 Die getrockneten Pilze in 1/4 l lauwarmem Wasser 30 Min. einweichen. Das Fleisch waschen und trockenreiben. Mit Salz, Pfeffer und Paprikapulver einreiben. Butterschmalz in einem Bräter erhitzen und das Fleisch darin rundherum anbraten. **2** Eingeweichte Pilzköpfe ohne Stiele in Streifen schneiden. Suppengrün putzen und fein würfeln. Beides nach 30 Min. um das Fleisch herumlegen und kurz mitrösten. Lorbeerblätter hinzufügen und nach und nach das Pilzeinweichwasser und die Brühe angießen. Das Fleisch insgesamt ewa 1,5 Std. schmoren. **3** Das Fleisch in Alufolie wickeln. Den Bratenfond offen 5 Min. einkochen, dann mit etwas Soßenbinder binden und mit Salz, Pfeffer und Sojasauce abschmecken. Zum Schluss ein paar Majoranblättchen in die Sauce einrühren. **4** Für die Beilage den Rosenkohl putzen und in wenig Salzwasser mit Muskat 10 bis 12 Min. garen. Zwiebeln abziehen, Pilze putzen und beides in dicke Streifen schneiden. **5** Die Butter in einer Pfanne erhitzen. Zwiebeln und Pilze darin unter Rühren 4 bis 5 Min. braten. Den Rosenkohl abgießen und zu den Pilzen geben. Mit Salz und Pfeffer abschmecken. Den Braten in Scheiben schneiden und mit dem Gemüse und der Sauce anrichten. **Tipp** Dazu schmeckt eine Polenta, die in einer Mischung aus Milch und Geflügelbrühe zubereitet wird.

Kasseler Koteletts mit Champignons

4 Kasseler Koteletts ◆ 4 EL Wacholderbeeren ◆ 4 EL Gin ◆ 4 EL Butterschmalz ◆ 2 Zwiebeln ◆ 1/4 l Riesling ◆ 200 g Sahne ◆ 1 EL scharfer Senf ◆ 1 EL körniger Senf ◆ Salz ◆ Pfeffer ◆ Honig ◆ 250 g weiße Champignons ◆ 50 g Butter ◆ 4 Dillstängel

1 Das Fleisch waschen und trockenreiben. Die Wacholderbeeren zerdrücken und mit dem Gin mischen. Butterschmalz in einer großen Pfanne erhitzen. Wacholderbeeren und Koteletts dazugeben und bei mittlerer Hitze auf beiden Seiten etwa 3 Min. braten. **2** Zwiebeln abziehen und fein würfeln. Zu den Koteletts geben und mit dem Wein ablöschen. Die Koteletts weitere 5 Min bis 8 Min. garen. Das Fleisch in Alufolie wickeln. **3** Den Bratenfond durch ein Sieb streichen. Mit Sahne, Senf, Salz, Pfeffer und Honig abschmecken und noch einmal aufkochen. Die Koteletts darin warm halten. **4** Die Champignons putzen und vierteln. Die Butter erhitzen und die Pilze darin 3 bis 5 Min. schmoren. Mit Salz und Pfeffer abschmecken. Die Pilze auf den Koteletts verteilen, mit Sauce beträufeln und mit Dillspitzen garnieren. **Tipp** Hierzu schmeckt sehr gut ein mildes Kartoffelpüree. Wenn die Kasseler Koteletts zu lange gebraten werden, wird das Fleisch fest und trocken.

Lammfilet auf Couscous mit gebratenem Gemüse

Für das Gemüse 500 g Blattspinat ◆ 350 g Tomaten ◆ 1 Bund Frühlingszwiebeln ◆ 350 g Austernpilze ◆ 5 EL Olivenöl ◆ Salz ◆ Pfeffer ◆ 2 EL Butter
Für den Couscous 40 g Mandelstifte ◆ 4 EL Rosinen ◆ etwas Orangensaft ◆ 250 g Couscous (Instant) ◆ 1 Döschen Safran ◆ 1/2 TL Kreuzkümmelpulver ◆ 1 Bio-Zitrone ◆ 3 EL Olivenöl ◆ Cayennenpfeffer ◆ 1 TL Orangenblütenhonig ◆ 4 EL grob gehackte Petersilie
Für das Filet 500 g Lammfilet ◆ Olivenöl zum Braten ◆ 4 Knoblauchzehen

1 Für das Gemüse den Spinat putzen und waschen. In kochendem Wasser zusammen fallen lassen, gut ausdrücken und auseinander zupfen. Tomaten vom Stielansatz befreien, kurz in kochendes Wasser tauchen, häuten, vierteln und entkernen. **2** Frühlingszwiebeln putzen, dunkelgrünen Teil wegschneiden. Austernpilze putzen und je nach Größe ganz lassen oder in breite Streifen schneiden. Zwiebeln und Pilze in Öl 3 bis 5 Min. braten. Den Spinat und Tomaten hinzufügen. Alles mischen und mit Salz und Pfeffer würzen und mit Butter verfeinern. **3** Für den Couscous die Mandelstifte in einer fettfreien Pfanne rösten. Die Rosinen in Orangensaft einweichen. Couscous mit Safran, Kreuzkümmel und kochendem Wasser bedecken. Die Zitrone heiß waschen, abtrocknen und die Schale zum Couscous reiben. Couscous 10 Min. quellen lassen. **4** Die Zitrone auspressen. Den Saft mit Olivenöl, Salz, Cayennepfeffer und Honig mischen. Couscous mit 2 Gabeln lockern. Mit Mandeln, abgegossenen Rosinen, Petersilie und der Ölmischung vermengen. **5** Das Fleisch in Olivenöl kräftig von beiden Seiten einige Minuten braten, mit Salz und Pfeffer würzen. Knoblauch abziehen und in dünne Scheiben hobeln. In etwas Öl leicht anrösten. **6** Couscous auf eine Platte häufen. Gemüse und Fleisch darauf dekorativ anordnen und mit dem geröstetem Knoblauch bestreuen.

Kaninchenkeulen mit gebratenem Igelstachelbart

20 g getrocknete Steinpilze ◆ 100 g durchwachsener Speck ◆ 4 Kaninchenkeulen ◆ Salz ◆ Pfeffer ◆ 1 Bund Suppengrün ◆ Butterschmalz zum Braten ◆ 2 Rosmarinstängel ◆ 2 Lorbeerblätter ◆ 2 Sternanis ◆ 1/4 l Weißwein ◆ 100 g Crème double ◆ dunkler Soßenbinder ◆ 300 g Igelstachelbart ◆ 2 Knoblauchzehen ◆ 50 g Butter ◆ 2 frische Thymianstängel

1 Die Pilze in 1/4 l warmem Wasser 30 Min. einweichen. Den Speck in schmale Streifen schneiden, in einer Pfanne knusprig braten und auf Küchenpapier beiseite legen. **2** Das Fleisch waschen, trockenreiben und mit Salz und Pfeffer einreiben. Suppengrün putzen und fein würfeln. Butterschmalz in einem Bräter erhitzen und das Fleisch darin bei mittlerer Hitze rundherum leicht anbraten. Suppengrün, Rosmarin, Lorbeer und Sternanis hinzufügen. **3** Die Pilze abgießen und fein schneiden. Pilze und Einweichwasser zu den Keulen geben und insgesamt 45 Min. schmoren. Zwischendurch nach und nach den Wein angießen. Das Fleisch in Alufolie wickeln. **4** Den Bratenfond durch ein Sieb passieren, mit Crème double mischen und einige Min. offen einkochen. Die Sauce mit Soßenbinder leicht binden. Mit Salz und Pfeffer abschmecken. Die Keulen wieder in die Sauce legen und mit den Speckstreifen bestreuen. **5** Die Pilze putzen und in dicke Scheiben schneiden. Knoblauch abziehen und fein würfeln. Die Butter in einer Pfanne erhitzen und die Pilze mit dem Knoblauch darin auf beiden Seiten braten. Mit Salz und Pfeffer würzen, mit Thymianblättern bestreuen und mit den Kaninchenkeulen anrichten. Die Sauce getrennt dazu reichen. **Tipp** Dazu schmecken breiten Nudeln oder Reis.

CODINA

Rinderschmorbraten mit Mu-Err-Pilzen

2 EL Mu-Err-Pilze ◆ 1 kg Rinderschmorbraten ◆ Salz ◆ Pfeffer ◆ 250 g Zwiebeln ◆ 50 g Butterschmalz ◆ 2 EL Tomatenmark ◆ 1 l Fleischbrühe ◆ 3 Lorbeerblätter ◆ dunkler Soßenbinder ◆ 1 EL Sojasauce ◆ 250 g Möhren ◆ 250 g weiße Champignons ◆ 2 Bund Frühlingszwiebeln ◆ 50 g Butter ◆ 2 EL Zucker ◆ Etwas Zitronensaft ◆ 1 Bund Schnittlauch

1 Die Mu-Err-Pilze in 1/4 l lauwarmem Wasser 30 Min. einweichen. Das Fleisch waschen und trockentupfen. Mit Salz und Pfeffer einreiben. Zwiebeln abziehen und vierteln. Butterschmalz in einem Bräter erhitzen und das Fleisch darin rundherum anbraten. **2** Tomatenmark zum Fleisch geben und kurz anrösten. Abgetropfte Mu-Err-Pilze und das Einweichwasser dazugeben und 30 Min. schmoren. Die Hälfte der Brühe angießen und Lorbeer sowie die Zwiebeln hinzufügen. Das Fleisch weitere 60 bis 75 Min. garen. **3** Das Fleisch herausnehmen und in Alufolie wickeln. Den Bratenfond mit etwas Soßenbinder binden und mit Salz, Pfeffer und etwas Sojasauce abschmecken. **4** Für die Beilage die Möhren schälen und sehr schräg in dünne Scheiben hobeln. Pilze putzen und je nach Größe ganz lassen, halbieren oder vierteln. Frühlingszwiebeln putzen und in grobe Stücke schneiden. **5** Möhren in wenig Salzwasser 8 Min. garen. Pilze und Zwiebeln in etwas heißer Butter 4 Min. schmoren. Restliche Butter mit dem Zucker mischen und leicht bräunen. Möhren, Pilze und Zwiebeln hinzufügen. Mit Salz und Zitronensaft abschmecken und mit Schnittlauchröllchen bestreuen. **Tipp** Dazu passt hervorragend duftender Basmatireis mit Butter und gerösteten Mandelblättchen.

Perlhuhnbrust und Pioppino mit Schwemmklößchen

Für die Klößchen 10 g getrocknete Steinpilze ◆ 50 g Butter ◆ Salz ◆ Pfeffer ◆ 1 EL gehackte Petersilie ◆ 60 g Mehl ◆ 2 Eier
Für das Fleisch 4 Perlhuhnbrüste ◆ 2 EL Butterschmalz ◆ 1 TL frische Thymianblättchen ◆ 250 g Pioppino-Pilze ◆ 2 EL Butter ◆ 400 ml Wildfond ◆ 150 g Crème fraîche ◆ 200 g Zwiebeln ◆ 2 EL Rapsöl

1 Für die Klößchen die Steinpilze in 200 ml warmem Wasser 30 Min. einweichen. Die Pilze herausnehmen, ausdrücken und in schmale Streifen schneiden. Von dem Einweichwasser $^{1}/_{8}$ l abmessen und aufkochen. Butter darin zerlassen und mit Salz, Pfeffer und Petersilie würzen. **2** Das Mehl auf einmal in die kochende Flüssigkeit geben und so lange rühren, bis sich der Teig als Kloß vom Topfboden löst. Ein Ei trennen und das Eiweiß mit 1 Prise Salz steif schlagen. Das ganze Ei und das Eigelb nacheinander zum Teig geben und glatt rühren. **3** Den Eischnee unter den Teig heben. Mit einem Teelöffel kleine Klößchen abstechen und in siedendem Salzwasser 3 bis 4 Min. gar ziehen lassen. **4** Für das Fleisch die Perlhuhnbrüste waschen und trockentupfen. Rundherum mit Salz und Pfeffer einreiben. Butterschmalz in einer Pfanne erhitzen und das Fleisch darin auf jeder Seite 2 Min. braten. Das Fleisch mit Thymian bestreuen und in Alufolie wickeln. **5** Pilze putzen, die Butter mit dem Bratfett erhitzen und die Pilze darin 2 Min. unter Rühren braten. Steinpilzstreifen und Wildfond hinzufügen und offen 5 Min. einkochen. Crème fraîche einrühren und mit Salz und Pfeffer abschmecken. **6** Das Fleisch schräg in schmale Streifen schneiden und zu den Pilzen geben. Noch einmal einige Min. kochen. Zwiebeln abziehen und in dünne Ringe schneiden. In heißem Öl knusprig braten. Fleisch und Sauce auf Tellern verteilen, abgetropfte Klößchen darauf setzen und ein paar Zwiebelringe darüber legen.

Hähnchenbrustfilet in Champignonsauce mit Garnelenreis

4 Hähnchenbrustfilets (à 200 g) ◆ Salz ◆ Pfeffer ◆ 2 Knoblauchzehen ◆ Butterschmalz zum Braten ◆ 250 g weiße Champignons ◆ 2 EL Zitronensaft ◆ 1/4 l trockener Weißwein ◆ 2 Eigelb ◆ 100 g Crème fraîche ◆ 2 EL gehackter Dill

Für den Reis 75 g Bacon ◆ 250 g Langkornreis ◆ 1 TL Currypulver ◆ 200 g gekochte Garnelen ◆ 30 g Butter

1 Das Fleisch waschen, trockentupfen und mit Salz und Pfeffer einreiben. Knoblauch abziehen. Butterschmalz in einer Pfanne erhitzen und das Fleisch mit den Knoblauchzehen auf jeder Seite 2 Min. braten. Herausnehmen und in Alufolie wickeln. **2** Pilze putzen und blättrig schneiden. Mit etwas Butterschmalz zum Bratfett geben und 3 Min. braten. Mit Zitronensaft und Wein ablöschen. Offen 2 Min. kochen und den Knoblauch entfernen. **3** Die Eigelbe mit Crème fraîche verrühren, zu den Pilzen gießen und bei milder Hitze cremig einkochen. Die Sauce mit Salz, Pfeffer und gehacktem Dill abschmecken. Das Fleisch in der Sauce gar ziehen lassen, sie darf nicht mehr kochen. **4** Für den Reis den Bacon in einer Pfanne knusprig braten und auf Küchenpapier beiseite legen. Den Reis unter fließendem Wasser waschen, in reichlich Salzwasser mit Currypulver garen und abgießen. **5** Zerbröselten Bacon, Garnelen und Butter in den heißen Reis einrühren. Die Filets auf dem Reis anrichten und mit der Sauce begießen. **Tipp** Dazu schmeckt ein bunt gemischter Blattsalat mit einem Dressing aus Sahne, Senf, Orangensaft, Salz und Pfeffer.

Bohneneintopf mit Pilzen und Grießklößchen

Für den Eintopf (für 6 Personen) 1 Maispolarde ◆ Salz ◆ Pfeffer ◆ 2 Lorbeerblätter ◆ 1 Döschen Safran ◆ 1 Bund Suppengrün ◆ 200 g grüne Bohnen ◆ 200 g Möhren ◆ 1 rote Paprikaschote ◆ 2 Selleriestangen ◆ 1 Stange Lauch ◆ 1 kleine Dose weiße Bohnen ◆ 150 g Pioppino-Pilze ◆ 200 g frische Shiitake-Pilze

Für die Klößchen 60 g weiche Butter ◆ 80 g Hartweizengrieß ◆ 4 EL geriebener Parmesan ◆ 1 Ei ◆ 2 EL gehackte Petersilie ◆ Muskat ◆ Etwas frischer Liebstöckel oder Petersilie

1 Das Huhn innen und außen waschen und mit Salz und Pfeffer würzen. 1,5 l Salzwasser zum Kochen bringen. Das Huhn mit Lorbeer und Safran insgesamt 70 Min. kochen. **2** Das Suppengrün putzen und grob würfeln. Nach 30 Min. zum Huhn geben. Bohnen waschen, putzen und halbieren. Möhren schälen und in Scheiben hobeln. Paprika mit einem Sparschäler schälen und in 1 cm große Stücke schneiden. **3** Selleriestangen entfädeln, den weißen Teil des Lauchs waschen, beides klein schneiden. Das Huhn aus der Brühe nehmen, vom Knochen lösen und klein schneiden. Die Brühe durch ein Sieb in einen anderen Topf gießen. **4** Bohnen, Möhren, Paprika und Sellerie in der Brühe 8 Min. kochen. Weiße Bohnen abgießen und kalt abbrausen. Pilze putzen und Shiitake in Streifen schneiden. Lauch, weiße Bohnen und alle Pilze in der Brühe weitere 5 Min. garen. Das Hühnerfleisch einrühren. **5** Für die Klößchen die Butter mit Grieß, Parmesan, Ei, Petersilie, Salz, Pfeffer und Muskat verrühren. 15 Min. kühl stellen. Aus der Masse 16 Klößchen formen. In Salzwasser 10 Min. gar ziehen lassen. **6** Die Suppe noch einmal erhitzen, mit Salz und Pfeffer abschmecken und mit den abgetropften Klößchen anrichten. Liebstöckel oder Petersilie hacken und in die Suppe streuen.

Putenrollbraten mit frischen Shiitake-Pilzen und Brokkoli

1 Putenrollbraten (ca. 800 g) ◆ Salz ◆ Pfeffer ◆ Butterschmalz zum Braten ◆ 3/4 l Geflügelbrühe ◆ 100 g getrocknete Tomaten in Öl ◆ 2 Zwiebeln ◆ 3 Lorbeerblätter ◆ etwas abgeriebene Zitronenschale ◆ dunkler Soßenbinder ◆ 400 g frische Shiitake-Pilze ◆ 2 Knoblauchzehen ◆ 2 EL Olivenöl ◆ 3 EL Butter ◆ 1 EL Sojasauce ◆ 500 g Brokkoli ◆ 1 dicke Möhre ◆ 50 g Butter

1 Das Fleisch waschen und trockentupfen. Rundherum mit Salz und Pfeffer einreiben und in heißem Butterschmalz in einem Bräter rundherum anbraten. Die Hälfte der Brühe angießen, 30 Min. schmoren und einmal wenden. **2** Getrocknete Tomaten zwischen Küchenpapier entfetten und in feine Streifen schneiden. Zwiebeln abziehen und in Streifen schneiden. Tomatenstreifen, Zwiebeln, Lorbeerblätter und etwas Zitronenschale mit der restlichen Brühe zum Braten geben und weitere 25 bis 30 Min. garen. **3** Das Fleisch herausnehmen und in Alufolie wickeln. Die Sauce mit Soßenbinder leicht binden und mit Salz und Pfeffer abschmecken. Pilze putzen und in mitteldicke Streifen schneiden. Knoblauch abziehen und fein hacken. Öl und Butter in einer Pfanne erhitzen und Pilze mit Knoblauch darin 5 Min. braten. **4** Die Pilze mit Salz, Pfeffer und Sojasauce abschmecken. Brokkoli putzen, waschen und in nicht zu kleine Röschen teilen. Die Möhre schälen und in Finger lange, Streichholz dünne Streifen schneiden. Beides in Salzwasser 8 bis 10 Min. garen und abgießen. **5** Die Butter leicht bräunen. Pilze, Brokkoli und Möhrenstreifen mit der braunen Butter begießen. Den Braten in Scheiben schneiden und die Sauce getrennt dazu reichen. **Tipp** Reichen Sie dazu handgeschabte Spätzle oder bunte Farfalle.

Putenrouladen mit Tomatenfilets und Kräuterseitlingen

Für die Füllung 350 g Kräuterseitlinge ◆ 2 EL Butter ◆ 300 g Schweinemett ◆ 2 gehackter Knoblauchzehen ◆ 4 EL gehackte Petersilie ◆ 1/2 TL edelsüßes Paprikapulver ◆ 1 Ei ◆ 1 EL Paniermehl ◆ Salz ◆ Pfeffer

Für die Rouladen 4 große, nicht zu dicke Putenschnitzel ◆ 2 EL Butterschmalz ◆ 200 g Sahne ◆ 350 g nicht zu große Tomaten ◆ 2 EL Olivenöl ◆ 1 Knoblauchzehe ◆ 1 TL frische Thymianblättchen

1 Für die Füllung die Pilze putzen, die Hälfte davon beiseite legen, die restlichen Kräuterseitlinge in feine Würfel schneiden. Pilzwürfel in der heißen Butter 2 Min. braten und abkühlen lassen. Mett und Pilzwürfel in eine Schüssel geben. **2** Knoblauch abziehen und durch die Presse dazudrücken. Petersilie, Paprikapulver, Ei und Paniermehl darüber geben und die Mettmasse gut mischen. Mit Salz und Pfeffer würzen. **3** Für die Rouladen das Fleisch waschen und trockenreiben. Die Schnitzel zwischen Frischhaltefolie etwas flacher klopfen. Mit Salz und Pfeffer bestreuen. Die Füllung auf die Schnitzel streichen und dabei rundherum einen kleinen Rand frei lassen. Die Schnitzel aufrollen. **4** Das Butterschmalz in einer Pfanne erhitzen und die Rouladen darin rundherum anbraten. Zurückgelegte Pilze kurz mit anrösten. Die Sahne angießen und die Rouladen mehrmals wenden. Das Fleisch insgesamt 10 bis 15 Min. garen. Die Sauce mit Salz und Pfeffer abschmecken. **5** Die Tomaten vom Stielansatz befreien. Die Früchte kurz in kochendes Wasser tauchen, häuten und entkernen. Die Tomatenfilets in breite Streifen schneiden. Öl in einer Pfanne erhitzen und die Tomaten darin erhitzen. Knoblauch abziehen und durch die Presse dazudrücken. Mit Salz, Pfeffer und Thymian abschmecken. Die Tomatenfilets auf den Putenrouladen mit der Sauce anrichten **Tipp** Dazu schmecken Nudeln oder körniger Reis. Verwenden Sie für die Füllung möglichst ungewürztes Mett. Andernfalls die Füllung behutsam abschmecken.

Fruchtige Enten-Nudel-Pfanne mit Pfifferlingen

2 Entenbrüste ◆ Butterschmalz zum Braten ◆ Salz ◆ Pfeffer ◆ 2 Bio-Orangen ◆ 100 g getrocknete Cranberries ◆ 350 g breite Nudeln ◆ 75 g Butter ◆ 350 g Pfifferlinge ◆ 2 Bund Frühlingszwiebeln ◆ 75 g Parmesan ◆ 4 EL gehackte Petersilie

1 Das Fleisch waschen und trockenreiben. Die Haut mit einem scharfen Messer vom Fleisch trennen und in 3 cm dicke Streifen schneiden. Die Hautstreifen in eine Pfanne legen. **2** Das Fleisch in schmale Streifen schneiden. Butterschmalz in einer weiten Pfanne erhitzen und die Fleischstreifen darin unter Rühren rasch anbraten, salzen und pfeffern. **3** Die Orangen heiß waschen und trockenreiben. Die Schale von einer Frucht mit einem Zestenreißer abziehen. 1 Frucht auspressen, die andere wie einen Apfel schälen und die Filets lösen. Die Cranberries in dem Orangensaft einweichen. **4** Die Nudeln in reichlich Salzwasser bissfest garen und abgießen. Die Nudeln mit etwa 20 g Butter, den abgegossenen Cranberries, etwas Orangensaft, Orangenfilets, Orangenschale und den gebratenen Entenfleischstreifen in der Pfanne mischen. **5** Pilze putzen, große Pilze klein schneiden. Den hellen Teil der Frühlingszwiebeln klein schneiden. Beides in der restlichen heißen Butter 3 bis 4 Min. schmoren. Mit Salz und Pfeffer würzen. Die Entenhaut bei mittlerer Hitze langsam auf beiden Seiten knusprig braten und salzen. **6** Die geschmorten Pilze und Frühlingszwiebeln mit der Enten-Nudeln-Pfanne mischen und noch einmal alles zusammen erhitzen. Den Parmesan in feinen Scheibchen darüber hobeln, mit Petersilie und knusprigen Hautstreifen bestreuen.

Gefüllte Fasane mit Steinpilzen

15 g getrocknete Steinpilze ◆ 2 Zwiebeln ◆ 1 Apfel ◆ 50 g Butter ◆ 750 g Fass-Sauerkraut ◆ 1/8 l trockener Sekt oder Weißwein ◆ Salz ◆ Pfeffer ◆ 150 g durchwachsener Speck ◆ 2 Fasane ◆ Butterschmalz zum Braten ◆ 1/8 l Geflügelbrühe ◆ 250 g frische Steinpilze ◆ 4 EL gehackte Petersilie

1 Die Steinpilze in 1/4 l warmem 30 Min. Wasser einweichen. Zwiebeln abziehen und fein würfeln. Apfel schälen, entkernen und ebenfalls fein würfeln. Zwiebel- und Apfelwürfel in 25 g Butter weich, aber nicht braun schmoren. **2** Die eingeweichten Pilze grob hacken. Das Einweichwasser mit dem Sauerkraut zu den Zwiebeln geben und bei milder Hitze 5 Min. kochen. Sekt oder Wein angießen und offen weitere 15 Min. garen. **3** Das Sauerkraut mit Salz und Pfeffer würzen. Den Speck fein würfeln. Die Hälfte davon in einer Pfanne knusprig braten. Etwa 1/3 des Sauerkrauts mit den eingeweichten Steinpilzen und gebratenen Speckwürfeln mischen. **4** Die Fasane innen und außen waschen, trockenreiben und mit Salz und Pfeffer einreiben. Das Geflügel mit der Sauerkrautmischung füllen und verschließen. Die Fasane in einem Bräter in heißem Butterschmalz rundherum anbraten. Mit der Brühe ablöschen und weitere 40 Min. schmoren. Zwischendurch öfter wenden. **5** Die Pilze putzen und in Scheiben schneiden. Den restlichen gewürfelten Speck in einer Pfanne knusprig braten. Pilze und restliche Butter hinzufügen und 3 bis 4 Min. schmoren, salzen und pfeffern. **6** Die Fasane aus dem Bräter nehmen und warm halten. Das restliche Sauerkaut in dem Bräter erhitzen und auf einer Platte anrichten. Die Fasane und die geschmorten Pilze darauf geben und mit Petersilie bestreuen. **Tipp** Servieren Sie dazu goldgelb gebratene Schupfnudeln oder knusprige Kartoffelpuffer.

8 Wachteln ◆ Salz ◆ Pfeffer ◆ 8 Rosmarinstängel ◆ 2 Bio-Orangen ◆ 2 Bio-Zitronen ◆ 10 EL Olivenöl ◆ 500 g Schalotten ◆ 3 rote Chilischoten ◆ 5 Lorbeerblätter ◆ 500 g weiße Champignons ◆ 6 EL weißer Portwein ◆ 6 frische Thymianstängel ◆ Grobes Meersalz

1 Die Wachteln innen und außen waschen und tropfentupfen. Das Geflügel innen und außen mit Salz und Pfeffer einreiben. Jeweils 1 Rosmarinstängel in die Bäuche der Wachteln stecken. **2** Die Zitrusfrüchte heiß waschen und trockenreiben. Von den Früchten jeweils 8 Schalenstreifen mit einem Sparschäler abziehen und ebenfalls in die Bäuche der Wachteln stecken. Die Zitrusfrüchte auspressen. **3** Den Backofen auf 190 °C (Heißluft 170 °C) vorheizen. Die Wachteln auf ein Backblech legen und mit Öl begießen. Für 20 Min. in den heißen Ofen schieben. Schalotten abziehen und halbieren, Chilischoten einschneiden. **4** Pilze putzen und halbieren. Schalotten, Zitrussäfte, Chili, Pilze und Lorbeer zu den Wachteln geben und weitere 15 Min. schmoren. Portwein und Thymian dazugeben und noch einmal 10 Min. garen. Wachteln und Pilze vor dem Anrichten mit etwas grobem Salz bestreuen. **Tipp** Zu diesem würzigen Partygericht schmecken am besten eine Schüssel mit gemischtem Salat und ofenfrisches Baguette.

Heilbutt mit Flusskrebsen und Champignons auf Wildreis

250 g Wildreismischung ◆ 1 EL Steinpilzbrühe (Reformhaus) ◆ 1 Lorbeerblatt ◆
Für die Sauce 1 Schalotte ◆ 1 Knoblauchzehe ◆ 50 g Butter ◆ 350 g Champignons ◆
1 Päckchen Holländische Sauce (Fertigprodukt) ◆ Salz ◆ Pfeffer ◆ 2 EL Zitronensaft ◆
4 EL gehackter Dill ◆ 200 g gegarte Flusskrebsschwänze
Außerdem 4 Scheiben Heilbuttfilet (à ca. 200 g) ◆ etwas Mehl zum Bestreuen ◆ 50 g Butter

1 Die Reismischung nach Packungsaufschrift in reichlich Wasser mit der Steinpilzbrühe und dem Lorbeerblatt garen und abgießen. **2** Schalotte und Knoblauch abziehen und fein hacken. In der heißen Butter weich, aber nicht braun schmoren. Pilze putzen und blättrig schneiden. Zu den Zwiebeln geben und unter Rühren 4 Min. garen. **3** Die Holländische Sauce zu den Pilzen gießen und alles mit Salz, Pfeffer, Zitronensaft, und Dill abschmecken. Die Flusskrebsschwänze einrühren. **4** Den Fisch waschen und trockentupfen. Mit Salz, Pfeffer und Mehl bestreuen. In der heißen Butter von beiden Seiten einige Min. braten. Den Reis auf Tellern verteilen, jeweils 1 Fischfilet darüber legen und die heiße Sauce darüber gießen. **Tipp** Sie können auch Rotbarsch- oder Seelachsfilet, Heilbuttkoteletts oder Lachsfilets verwenden.

Rote Linsen mit Seeteufel, Herbstrompeten und Pfifferlingen

Für das Gemüse 4 EL getrocknete Herbsttrompeten ◆ 250 g rote Linsen ◆ 1,2 l Gemüsebrühe ◆ 3 Stangen Lauch ◆ Salz ◆ Pfeffer ◆ Muskat ◆ 75 g Butter ◆ 500 g Pfifferlinge ◆ 4 EL gehackte Petersilie
Für den Fisch 4 Seeteufelkoteletts (à 180 g) ◆ 4 Knoblauchzehen ◆ 2 Lorbeerblätter ◆ 1 rote Chilischote ◆ 10 EL Olivenöl ◆ 1 Bio-Zitrone

1 Für das Gemüse die Herbsttrompeten in gut 1/4 warmem Wasser 30. Min. einweichen. Die roten Linsen in der Gemüsebrühe bissfest garen und abgießen. **2** Den Lauch putzen, den dunkelgrünen oberen Teil wegschneiden und schräg in breite Ringe schneiden. Den Lauch in wenig Salzwasser 8 bis 10 Min. garen und abgießen. Mit Salz, Pfeffer und Muskat würzen. Den Lauch in 2 EL Butter schwenken. **3** Die Pfifferlinge putzen. Die Herbsttrompeten abgießen und vorsichtig ausdrücken. Alle Pilze in der restlichen heißen Butter 4 Min. schmoren. Mit Salz, Pfeffer und Petersilie würzen. Pilze und Linsen mischen. **4** Die Fischkoteletts kalt abspülen, trockentupfen und mit Salz und Pfeffer einreiben. Knoblauch abziehen und mit Lorbeer und aufgeschlitzter Chilischote in dem heißen Öl kurz anbraten. Fischkoteletts dazulegen und bei milder Hitze auf jeder Seite 3 bis 4 Min. braten. **5** Die Zitrone heiß waschen und trockenreiben. Die Hälfte der Schale über den Fisch reiben. Die andere Zitronenhälfte in Scheiben schneiden, kurz mitbraten und auf die Koteletts legen. Den Fisch auf dem Linsengemüse anrichten, den Lauch daneben legen und alles mit dem gewürzten Öl beträufeln.

REZEPTREGISTER

Vorspeisen und Snacks

Vegetarische Pilzgerichte

Festliche Mahlzeiten

Texte und Rezepte:
Kristine Müller-Urban, Offenburg
Foodfotografie:
Feiler Fotodesign, Karlsruhe
Fotografien auf den Seiten 4, 7, 8, 10–25, 40, 78:
Eberhard Urban, Offenburg
Fotografie Seite 36 links Anne Rolland/Fotolia,
Seite 36 rechts Olga Shelego/Fotolia
Fotografien, Zeichnungen Seiten 26–39:
Hawlik Europilzshop
Gestaltung und Satz:
Tischewski & Tischewski, Marburg
Reproduktion:
Lithotronic, Frankfurt/Main
Druck und Verarbeitung:
Eurolitho, Milano

Printed in Italy

ISBN-10: 3-86528-230-9
ISBN-13: 978-3-86528-230-X

Das Kapitel „Pilzzucht in Haus und Garten" mit freundlicher Unterstützung von:
Hawlik Euro-Pilzbrut GmbH,
Inselkammerstraße 5, 82008 Unterhaching.
Nähere Informationen zum Bezug der Produkte finden Sie unter www.pilzshop.de

Besuchen Sie uns im Internet
www.umschau-buchverlag.de

Alle Gerichte dieses Buches wurden aufgenommen auf Geschirr von ASA selection. Wir danken für die freundliche Unterstützung.